개화기에서 일제강점기까지
근대 제도와 일상생활

개화기에서 일제강점기까지 근대 제도와 일상생활

단국대학교 동양학연구원 편

채륜
CHAE RYUN

근대적 제도는 한국 근대 일상생활을 규율하는 장치였다. 인간의
행동, 태도, 관념을 규율하는 규범적 양식들의 복합체로서 근대적 제
도는 한국인의 삶에 직접적인 영향을 주었다. 한국인들의 일상을 좌
우하는 근대적 제도는 한국인의 삶의 방식을 바꾸어 놓았다는 점에
서 현실을 변화시키는 힘의 실체이기도 했다. 이렇게 근대적 제도가
전대의 질서를 해체하거나 변형시키게 되자 한국인의 삶에 면면히 이
어지던 문화적 전통 또한 적지 않은 영향을 받을 수밖에 없게 된다.
이 과정에서 한국의 문화전통은 새로운 질서에 따라 재편되게 된다.
특히 삶의 양상이 반복적으로 나타나는 일상은 근대적 제도의 영향
을 직접적으로 받은 영역이었다.

최근 근대적 제도가 한국인의 삶에 미친 영향에 대한 관심이 높아
지면서 근대적 제도와 일상생활의 연관관계에 대한 연구들도 다양한
분야에서 전개되고 있다. 이는 거시적인 관점을 중시했던 연구 경향
을 벗어나 삶의 영역에 대한 관심을 환기시키는 것이다. 그럼에도 불
구하고 근대적 제도와 일상생활에 관련된 논의들은 제도 자체에 대
한 관심에 편중되어 있다. 그렇다 보니 한국의 근대가 본격적으로 시

작되는 '개화기에서 일제강점기'에 성립된 근대 제도가 한국인의 구체적인 삶에 미친 영향관계를 파악하기 어려운 면도 적지 않았다. 근대사회를 구성하는 다양한 층위들에 대한 미시적인 분석의 필요성이 제기되는 이유는 이 때문이다. 근대 제도와 근대 한국인의 일상생활의 총체적 상관성은 다양한 영역에 작동했던 제도와 일상생활의 관련성을 세밀하게 검토하고 종합적으로 분석함으로써 그 의미를 파악할 수 있을 것이다.

이를 위해 본 연구원은 <'개화기에서 일제강점기까지' 한국 문화전통의 지속과 변용>이라는 연구주제로 한국문화전통에 대한 새로운 담론을 생산하고자 연구를 수행하고 있다. 특히 <'개화기에서 일제강점기까지' 일상생활과 제도>라는 주제로 연구를 수행하는 제2세부 과제는 학계의 '근대 제도와 일상생활'에 대한 연구 성과를 수용하여, 근대적 생활 문화 기반이 구축되었던 이 시기의 근대적 제도의 도입과 이로 인한 한국인의 일상생활 영역의 변화과정을 연구하고 있다. 이러한 연구는 근대적 제도의 도입으로 재편된 일상생활을 통해 한국인의 관습, 의식, 감각, 감정, 윤리, 가치 등의 문제를 분석하고 의미화하는 일이다.

이를 위해 제2세부과제 연구에서는 교육제도, 가족제도, 매매제도, 교통 및 통신제도, 문학 및 예술관련 제도, 검열 및 풍속 취체 제도 등 개화기에서 일제강점기까지의 시기에 도입되었던 근대적 제도에 관한 통계나 자료를 광범위하게 수집하고 이를 분류, 선별하여 연구에 활용하고자 하였다. 이러한 자료는 전통적 습속과 일상의 감각을 변화시키는 근대 제도의 영향력을 추론하게 할 뿐 아니라, 근대적 표상이 어떤 제도화 과정을 거쳐 우리에게 각인되었는지를 확인하게 하는 것이다. 제2세부과제는 이러한 자료의 분석과 연구를 통해 근대 제도와 일상생활의 관련 양상을 분석하고, 한국문화전통의 지속과 변용의 특성을 고구하였다. 본 연구원의 이러한 노력은 한국인의 문화정체성에 대한 통사적 연구 성과로 이어질 수 있을 것이다.

본 연구원은 자료집과 학술도서를 출간하여 본 과제의 연구 성과를 학계에 알리고 있다. 이를 위해 자료집인 『일상생활과 근대결혼제도』를 출간했으며, 『근대 출판 문화 자료 해제』를 출간할 예정이다. 또한 학술도서로 『개화기에서 일제강점기까지 한국 근대 의식주와 일상의 제도』, 『개화기에서 일제강점기까지 근대 제도 도입과 일상의 재편』을 출간하였으며, 이번에 『개화기에서 일제강점기까지 근대 제도와 일상생활』을 출간한다. 이 책에 실은 글들은 중점연구소 지원과제의 연구 성과를 점검하기 위한 학술대회에서 발표한 것들과 외부 연구자들의 연구 성과를 담은 글들이다. 이를 통해 본 연구원과 본 연구원이 수행하고 있는 과제의 미비한 점을 보완할 수 있으리라 판단한다.

본 학술도서의 발간에 즈음하여 <'개화기에서 일제강점기까지' 한국 문화전통의 지속과 변용>의 제2세부과제 책임자로 연구를 이끌어 주신 신종한 교수님께 깊은 감사의 말씀을 올린다. 또한 공동연구원으로 과제에 대한 조언을 아끼지 않은 서문석 교수와 연구과제 수행을 위해 열성을 다해 준 김재관, 김호연, 장두식 연구교수 그리고 유용태, 이영주, 주미하 연구보조원 모두에게 연구원을 대표하여 깊은 감사의 말씀을 전한다. 아울러 본 연구원의 연구과제에 대해 관심을 갖고 학술도서 발간에 공감하여 옥고를 주신 정선태 선생님께도 진심으로 감사의 말씀을 드린다.

동양학연구원에서는 지난 3년간 한국연구재단 중점연구소 과제인 <'개화기에서 일제강점기까지' 한국 문화전통의 지속과 변용>의 2단계 과정을 성공적으로 수행하고, 현재 3단계 과정을 수행하고 있다. 본 연구원은 개화기에서 일제강점기까지 한국 문화전통의 지속과 변용 양상을 다각도로 조명하는 연구를 통해 관련 학문 분야에 기여할 수 있기를 기대한다. 마지막으로 본 연구원의 연구과제 수행에 지원을 아끼지 않은 한국연구재단 관계자와 이 책의 출판을 맡아준 채륜 관계자 여러분께도 감사의 말씀을 드린다.

2012년 4월 30일
단국대학교 동양학연구원장
서영수

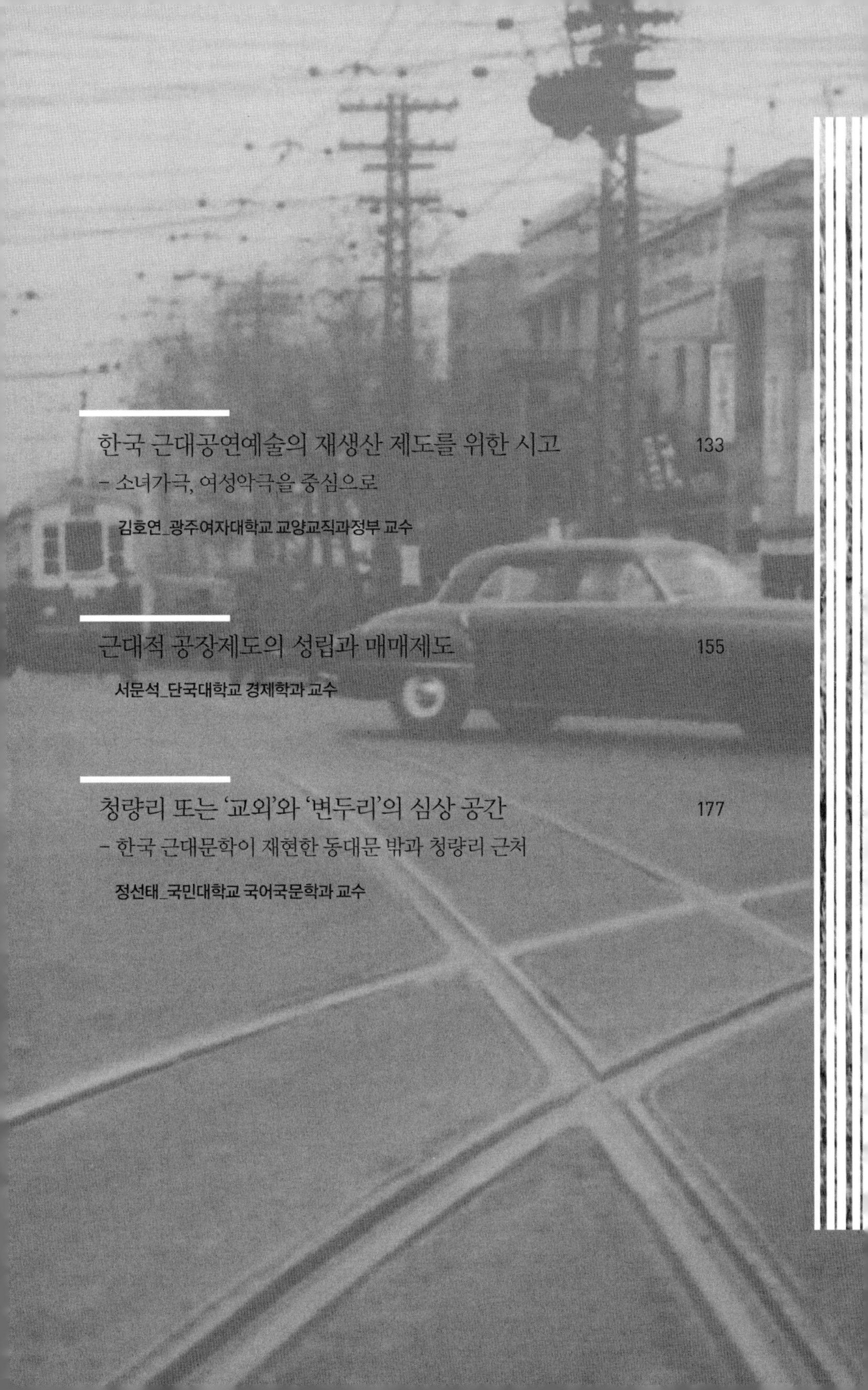

1910년대 이광수 논설에 나타난 문명화 교육 연구

신종한_ 단국대학교 국어국문학과 명예교수
김재관_ 단국대학교 동양학연구원 연구교수

1. 서론

1910년 1차 일본유학을 마치고 돌아온 이광수는 "우리(今日 我韓 靑年)들은 우리들을 敎導하여 줄만한 父老를 가지지 못한 同時에 우리들을 敎導하여 줄만한 學校도 없는도다"[1]라고 선언한다. 또한 '大韓의 靑年들이 先覺者의 가르침을 받아 近代國家 建設의 主役이 되는 他國 靑年과는 反對의 狀況에 있으며, 스스로 自修自養해야 하는 狀況에 처해 있다'고 주장한다. 전대의 유산을 부정하고 주체 스스로 새 시대의 가치를 만들어 갈 것을 역설하는 그의 주장은 근대 서구에서 대두된 계몽적 주체의 논리를 닮았다.

18세기 이후 서구사회의 보편적인 원리가 된 계몽은 시민사회의 현실적 요구를 개인과 제도 속에 이념으로 구현했으며, 이성적 의식을 진리란 이름으로 현실 속에 실체화했다.[2] 이를 수행하는 계몽적 주체는 모든 사회적 영역에서 과거 질서와 전통적 가치의 구속으로부터 벗어나기 위한 실천적 활동을 전개했다. 버만의 지적처럼 이는 낙관성과 불길함을 동시에 내재하고 있는 과정이었지만,[3] 계몽적 주체는

---

1 「今日 我韓 靑年의 境遇」(1910), 『李光洙全集1』, 三中堂, 1971, p.528.
  『李光洙全集』에서 인용 시 글의 제목과 발표연대를 밝히고, 全集 권수와 인용 쪽수만 표기한다(「日本에 在한 我韓 留學生을 論함」, 『全集1』, 1910, p.526).

2 M. 호르크하이머·Th. W. 아도르노, 김유동·주경식·이상훈 역, 『계몽의 변증법』, 문예출판사, 1995, p.18.

3 근대인은 가치의 커다란 부재와 공허의 한 가운데에 있는 자신을 발견하였지만, 동시에 풍부한 가능성을 실현할 수 있는 자신을 발견하였다. 18세기를 지나 20세기에 급격하게 진행된 이러한 과정을 버만은 사회적인 '현대화(modernization)'라고 정의한다. 개인은 개체적 존재가 됨으로써 자기를 보존, 고양, 각성, 해방할 수 있는 자기 자신만의 기술과 책략을 기획하면서 낙관적인 미래를 희망하지만, 그 과정은 항상 불길함을 내재하고 있었다.

'근대지식체계'[4]를 수립함으로써 사물을 합리적으로 파악하는 방식을 확립하고 새로운 질서를 구축하였다. 이렇게 근대사회의 주도적인 위치를 획득하는 과정은 '타자'를 '주체'에 복속시키거나 주체의 영역에서 배제하는 방식으로 이루어졌는데, 이는 '서구'와 '비서구'를 '문명과 야만의 이분법'으로 구분하는 근간이기도 했다.

이러한 사유의 방식은 제국주의 세력의 팽창과 함께 비서구 지역에서도 사회발전을 위한 방법으로 수용되었다. 비서구 지역의 대부분이 식민화되는 상황에서 이 지역의 선각자들은 문명화만이 식민화를 막는 길이라고 판단했다. 이에 따라 서구문명이 전범이 되었고, 서구의 계몽이념이 사회발전 원리로 원용되었다. 서구문명을 따라가기 위해서는 서구의 학문부터 학습해야 했다. 서구의 학문이 비서구 사회를 개혁하는 준거가 되었다는 사실은 서구학문이 세계적인 보편성을 획득하였고, 객체(서구)로 주체(비서구)의 학문을 규정해야 하는 역설적 상황이 만들어졌음을 알려주는 것이었다.[5]

M. 버만, 윤호병 역, 『현대성의 경험』, 현대미학사, 1998, pp.14~21.

4 호르크하이머와 아도르노는 근대주체가 대립하는 두 측면을 '체계(System)'로 불리는 '이성'을 통해 변증법적으로 통합한다고 본다. '이성'은 일상의 세부적인 면들을 추상적인 크기로 환원하고 비교 가능하게 하는 계몽의 방법이자 궁극적인 지점이 된다. 인간은 '이성'을 통해 미지와 공포의 영역이었던 자연을 계량화가 가능한 지식의 대상화에 성공하고 세계의 중심이 된다.
M. 호르크하이머 외, 앞의 책, pp.27~29.

5 고진은 소세키의 『문학론』을 분석하면서, 소세키가 자신은 의도하지 않았지만 '文學(西歐文學: 인용자 주)'의 기반 위에서 한문학(漢文學)을 대상화 했던 상황에 대하여 서술한다. 소세키는 당시 문학적 규범이 된 영문학 개념으로 전통문학이었던 한문학을 인식해야만 하는 상황을 '속은 느낌'이라고 표현한다. 근대 동아시아에서의 서양 학문 수용 과정은 객체인 '문학'이나 '풍경(새로운 인식 틀)'이 우리의 인식 틀로 내재화되는 과정이면서, 전통적인 인식 틀이 서구적 개념에 의해 대상화되는 과정이었다.

조선에서 이런 현상은 유학을 자신의 학문적 기반으로 삼지 않았던 일본 유학생 출신 지식인들에서 두드러지게 나타났다. 이들의 대부분은 전대의 지식인들과 달리 현실 정치에서 자신의 경륜을 펼칠 수 있는 기회가 많지 않았다. 현실에서 자신이 습득한 신지식을 실행할 수 없었던 이들이 차선으로 택한 것은 '문장文章'과 '교육敎育'을 통한 문명화였다. 일본 유학생 중에서 입신출세만을 꾀하는 자가 없었던 것은 아니지만,[6] 이광수처럼 '문장'으로 문명의 당위성을 설파하고 '교육적 실천'을 통해 문명화를 실현하려는 이도 적지 않았다.[7]

　　이광수는 '地方의 首領으로 가라는 官의 勸告를 拒絶하고 敎育家의 길을 選擇'[8]했을 정도로, '교육'을 조선민족을 계몽하기 위한 핵심 영역으로 생각했다. 낙후된 조선을 변혁하고자 윗세대의 사상과 유산을 부정했던 그의 문명론은 적지 않은 반발을 초래했다.[9] 그럼에도

　　가라타니 고진, 박유하 역, 『일본근대문학의 기원』, 민음사, 1997, pp.26~28.

6　이광수는 1910년대 일본에서 유학한 조선인 유학생을 다음과 같이 세 부류로 나누었다. 첫 번째는 학문과 지식을 넓게 습득하고, 조선의 문명화에 투신하고자 하는 부류이고, 두 번째는 전문적인 지식을 습득하여 자신의 영달을 꾀하는 부류이고, 세 번째는 학업에 대한 의욕도 없이 세월을 허비하는 자이다. 그는 첫 번째 부류가 재일유학생의 다수를 이룬다고 자평했다.
　　「日本에 在한 我韓 留學生을 論함」, 『全集1』, 1910, pp.526~527.

7　「多難한 半生의 途程」, 『全集8』, 1936, p.451.

8　이광수는 자신의 생애를 바탕으로 창작한 「그의 自敍傳」(1936)에서 '일본에서 고등학교를 그만두고 왔을 때, 정부의 고위관리는 자신에게 지방 수령으로 가라고 권했다. … 당시 기개 있다고 자처하는 청년들은 이때가 안한하게 공부하고 앉았을 때가 아니라, 고국에 돌아가서 민중을 각성시켜야 할 때라는 비분강개한 생각을 가졌었다.'고 쓰고 있다(「그의 自敍傳」, 『全集6』, 1936, pp.341~342). 「그의 自敍傳」에 서술된 내용들이 이광수의 실제 생애와 일치하는 것은 아니다. 그럼에도 「그의 自敍傳」의 주인공 '남궁석'의 행적은 1910년대 이광수의 삶과 사유를 가늠하게 해준다.

9　李光洙는 유가적(儒家的) 질서와 가치를 부정하는 「新生活論」을 『每日申報』에 연재했는데,

그는 논설과 소설을 상황에 따라 전략적으로 선택하고 운용했다. 계몽담론의 전파를 위해 이미 근대 공론장公論場에서 논쟁적 글쓰기로 자리 잡은 논설[10]을 적극적으로 활용했고, 자신의 문명론을 호소하기 위한 대중적 수단으로 소설을 선택하였다.[11]

한일병합 직전부터 1918년 동경에서 「조선청년독립단선언서」를 기초하고 상해로 망명할 때까지 이광수는 논설을 통해 다양한 분야의 문명론을 전개했다. 그중에서도 '교육'을 문명조선 건설의 첩경으로 생각했다. 그는 과거와 단절된 세대만이 조선의 문명화를 선도할 수 있다고 생각했고, 조선의 문명화를 이루기 위한 교육은 헌신적인 자세와 전문적인 식견을 갖춘 교육가가 담당해야 한다고 생각했다.

조선이 퇴락한 이유를 유가적 질서에서 찾았던 이 글은 유가의 반발을 초래했다. 유가의 압력으로 매일신보사는 「新生活論」을 잠시 중단하기도 했는데, 매일신보사는 이 글이 신문사의 입장이 아니라는 사고(社告)를 게재하고 연재를 재개할 정도였다(「新生活論」, 『全集10』, 1918, p.334). 이광수는 연재를 끝내는 시점에서 유가가 '自身의 論理를 攻擊하려면 因襲과 感情에 잡히지 말고, 論理로 對應하라'고 주문(p.344)하면서 자신의 주장을 굽히지 않았다.

10 논설은 인쇄혁명이 가져온 대중매체의 산물이며, 공공성의 변화를 단적으로 보여주는 글쓰기이다. 또한 논설은 근대 시민사회에서 대두된 공공성을 정당화하는 담화영역이다. 따라서 논설은 주체가 공론장에서 자신의 계몽기획을 제출하는 대표적 양식이라 할 수 있다.
김동식, 「한국의 근대적 문학개념 형성과정 연구」, 서울대학교 박사학위논문, 1999, pp.23~27.

11 이광수는 한국근대문학사에서 유례가 없을 정도로 다양한 장르의 문학을 발표한 작가이다. 1910년대 이광수 문학은 논설, 소설을 중심으로 전방위적으로 이루어졌다. 김현주는 이 시기 이광수문학의 특성을 다음과 같이 설명하고 있다. 비평적 형식인 논설은 근대적 개인의 '이성' 능력에 입각하여 '비판'의 전략을 구사했고, 소설은 근대적 개인의 '감정' 능력에 입각하여 '동정(sympathy)'의 전략을 구사했다. 17세기 후반부터 18세기 서구에서 발생한 '시민담화(civil discourse)'에 근거를 둔 김현주의 정의는 논설이 갖는 공공성의 의의를 밝힌 평가라 할 수 있다.
김현주, 『한국 근대산문의 계보학』, 소명출판, 2004, p.20.

또한 문명화의 당위성을 확산시키기 위해 식민지 조선의 교육제도 개선을 요구하고, 보통학교와 전문학교 등의 교육기관 증설을 요구했다. 그렇지만 후자에 해당하는 제도적 요구들은 식민지에서 실현될 수 없었다. 「오도답파여행」을 연재하기 위해 조선의 다섯 개 도를 여행하면서 확인한 조선의 열악한 교육현실은 그로 하여금 문명 지향적 교육론을 수정하게 하는 계기가 되었다. 그는 '朝鮮民族의 新文化'를 산출하기 위한 민족의 교육적 노력을 「내가 창설자」라는 자세로 수행하라고 요구한다.[12] 이는 초기 논설에서 주장했던 '자수자양自修自養'의 의미를 민족적 단위로 확장한 것이었다. 또한 이러한 생각은 개인의 수양을 바탕으로 민족개조를 주장하는 「民族改造論」(1922)의 기초이기도 했다.

이처럼 1910년대 이광수가 전개했던 다양한 분야의 문명론 중에서 '교육론'은 그의 '문명조선文明朝鮮' 기획에서 중요한 위치를 차지하는 담론이다. 그럼에도 그의 문명론적 특성을 교육적 측면에서 분석한 글은 많지 않다.[13] 이 글은 선행연구와 달리 1910년대 그가 전개한 문명론 중 '교육론'의 변화과정과 특성을 분석하고자 한다. 이 글은 이를 밝히기 위해 2장에서 문명화의 대상이면서 실행 주체로 호명된

---

12 「우리의 理想」, 『全集10』, 1917, p.249.

13 1910년대 이광수의 문명론을 분석한 연구 중에서 교육적 측면에 국한해서 논의를 전개한 연구는 많지 않다. 홍혜원(「이광수 초기 논설에 나타난 '문학'과 '교육'의미」, 『한국언어문학』 제74집, 2010)은 교육 관련 논설을 중심으로 '교육'과 '문학'의 개념이 형성되는 과정과 그 상관성을 분석했으며, 조윤정(「근대 초기 학교와 조선인의 지적 욕망-이광수의 1910년대 문학을 중심으로」, 『정신문화연구』 제33권 제1호, 2010. 3)은 근대 학교를 중심으로 교사·문사·지사였던 이광수의 의식을 분석하고 있다.

'청년'의 성격을 분석할 것이다. 또한 근대적 개인의 요건이자 '청년'이 내재해야 할 것으로 규정한 '정情'과 교육론의 상관성을 분석할 것이다. 3장에서는 자신의 문명론을 실제 현실에서 실천했던 '신생활운동'과 교육적 실천의 상관성에 대하여 분석할 것이다. 4장에서는 식민지 조선의 교육현실에 대한 그의 인식과 이를 타개하기 위해 제시한 교육 방안을 교육가상에 초점을 맞추어 분석할 것이다. 5장에서는 열악한 식민지 교육상황에서 조선의 교육 지향점으로 제시한 '조선의 신문화'를 분석하고자 한다.

2. 문명화의 주체 '청년'과 '정육'

이광수는 문명화를 수행하는 주체로 '청년'을 호명한다. '청년'이 '學校나 其他 敎育機關에서 敎育을 받는 者이면서 運營者가 되어야' 함을 강조하는 그는 '청년'을 '교육받는 자'라고 정의하고 있지만, 후자에 주안점을 둠으로써 이들이 새 시대 건설의 주체임을 강조한다. 또한 "今日 우리들 靑年으로 말하면 不然하여 하여 놓은 것 없는 空漠한 곳에 各種을 創造함이 職分"[14]으로 정의된 청년상을 제시함으로써 전통적 지식과 단절한 청년만이 자수자양한 학문을 실천할 수 있다고 주장한다.

그런데 이광수는 "余의 自覺(自修自養)이 適宜한 옳은 自覺이라면

---

14 「今日 我韓 靑年의 境遇」, 『全集1』, 1910, p.528.

그 自修自養한 標準은 무엇일까-仁愛일까? 知識일까?"[15]라고 하면
서도, 정작 조선의 청년이 해야 하는 자수자양이 무엇인지 밝히지 않
고 있다. 이는 이광수 자신이 교육하는 선각자의 위치에 있으면서 교
육받아야 하는 '청년'이었던 상황과 무관하지 않다.[16] 1910년 일본에
서 중학中學을 마치고 돌아온 그는 선대의 유산과 단절할 것을 선언했
지만, 새로운 시대를 채울 지식의 내용을 갖추고 있지는 못했다. 그는
조선의 전통적 지식과 교육방법을 부정하고 조선의 문명화를 주도하
는 주체로 '청년'을 설정했지만, 이들은 조선을 주도적으로 이끌어갈
계층으로 성장해 있지 못했다. 그렇기 때문에 이들은 전대의 가치와
단절하고 자신들의 삶의 규칙을 스스로 창안해야 하는 과제를 요구
받았다.

> 우리들은 失望할 것이 전혀 없고, 悲感할 것이 전혀 없고, 도리어 希
> 望만 洋洋하고 즐거움만 胸腔에 꽉 차서 팔이 너풀너풀하고 어깨가
> 으쓱으쓱함을 禁치 못하겠구나. (……) 今日에는 不得不 今日의 倫
> 理가 있어야 할지니라. 그러므로 우리들은 구태여 昔日의 倫理의 糟

---

15 위의 글, p.530.

16 '스스로의 관점에서 세계를 해석하는 주체'의 의미를 담고 있는 '청년'이란 용어는 1906년 일
본 유학생들이 발행한 『太極學報』에서 처음 나타났다. 이들은 1904년부터 개신유학자(改
新儒學者)들이 사용했던 '교육사업 대상'인 '청년'의 의미를 '실천의 주체'로 확대했다. '청년'
을 배우는 자이자, 실천하는 자로 규정한 것이다. 이러한 '청년'의 의미는 일본에서 사용된
'청년'의 의미와 차이가 있다. 일본의 '청년'이 러일전쟁 이후 탈정치화의 흐름 속에서 등장한
새로운 세대를 지칭하는 것이었다면, 조선에서 '청년'은 국가의 운명을 짊어진 집단적 주체
의 의미를 지니고 있었다.
윤영실, 「국민국가의 주동력, '청년'과 '소년'의 거리」, 『민족문화연구』 제48호, 2008,
pp.100~105.

粕을 핥을 必要는 없으니, 今日에 適當한 倫理면 그만이니라. 아무
렴, 昔日의 倫理라고 반드시 廢物은 아닐지니, 그중에도 今日에 適
當한 者면 自由로 取할 것이니라. (……) 그런고로 標準으로 할 것은
다른 아무것도 아니요, 오직 「生」일지니라. 天賦된 良心의 命令을
좇아 「生」의 保持發展에 必要한 事爲의 온갖에 대하여 精誠스러
이 있는 힘을 다하여 생각하고 努力하면 그는 모두 善이니라, 正義
니라. 이와 같이 하면 「朝鮮 사람인 靑年」이라는 貴重한 이름에다
가 英雄이라는 빛나는 冠을 씌울지며, 또 우리들의 晝宵夢昧에 잊
히는 때 없는 理想의 對象物인 新大韓도 建設되느니라. (……) 그러
할 때에 「生의 保持發展은 今日 倫理의 絶對 標準」이란 것을 잊지
말고 많이 읽고 많이 생각하여라.[17]

주체의 존재 방식을 삶에서 찾아야 한다고 주장하는 이광수에게
있어서 과거는 참고의 대상일 뿐이다. 그에게 있어서 과거는 현재의
삶에 충실한 주체의 승인을 받을 때만 의미 있는 것이 된다. 그는 인
간이 삶을 유지하고 발전시키는 가운데서 진리가 만들어진다고 본다.
이러한 그의 생각은 근대 이전까지 공동체를 제어했던 절대적 윤리를
거부하는 것뿐만 아니라, 이를 대체하는 윤리의 필요성을 거론한 것
이다. 그는 '정情'을 새 시대의 윤리라고 생각하고, 교육을 통해 '정情'을
육성해야 한다고 생각했다. 그가 처음부터 '정육情育'을 교육의 주요
실천항목으로 생각한 것은 아니었다.

---

17 「朝鮮 사람인 靑年에게」, 『全集1』, 1910, pp.534~535.

智育·德育·體育 三者는 敎育의 主眼이라. 此 三者가 具히 發達하면 敎育의 理想을 達하리라 함은 今日 我韓 敎育家의 共通한 思想일 뿐 아니라, 世界 敎育家의 共通한 思想이라. 然而 我韓 敎育家 諸氏에 甚尤甚함을 見하겠도다.[18]

이광수는 '지·덕·체知·德·體'의 발달을 조선 교육의 이상으로 보았다. 그가 주안점을 두었던 '지·덕·체'는 고종高宗의 「교육입국조서敎育立國詔書」에 담긴 대한제국의 교육강령과 유사하다. 국가와 군주를 동격화하고, 국권을 군주권으로 생각했던[19] 고종에게 교육은 충성스런 신민臣民을 양성하는 수단이었다. 삼대 강령의 육성을 통해 군주 중심의 부국강병을 이루고자 했던 고종의 교육이념은 정체政體의 변화 없이 실현될 수 없는 것이었다.[20] 「교육입국조서」가 지향하고자 했던 지점은 시민사회의 요구를 교육에 반영했던 서구근대교육의 지향점과 달랐다.[21] 이광수는 「교육입국조서」에서 제시된 '지·덕·체'를 개인의

---

18 「今日 我韓 靑年과 情育」, 『全集1』, 1910, p.525.

19 장영숙, 『고종의 정치사상과 정치개혁론』, 선인, 2010, p.239.

20 「교육입국조서」의 작성에 영향을 준 유길준(兪吉濬)의 생각은 고종과 달랐다. 그는 군주체제보다 군민공치(君民共治)의 입헌군주제와 공화제가 부국강병을 달성하는 데 효율적인 정치제도라고 보고 있었는데, 그의 이러한 생각은 정치체제의 근본적인 개혁이 이루어지지 않는 한 부국강병 정책만으로는 조선의 안전과 독립이 이루어지지 않는다는 것을 인식하고 있었음을 보여주는 것이다.
   김영호, 「근대한국의 부국강병 개념」, 『근대한국의 사회과학 개념형성사』, 창비, 2009, p.170.

21 서구의 근대교육은 국가에 따라 다르지만, 세속적(비종교적)이고 대중적인 교육을 지향하고 있었다.
   이윤미, 『한국의 근대와 교육』, 문음사, 2006, pp.85~87.

내면을 바탕으로 하는 '지·덕·체' 함양이라는 관점에서 생각했다. 그는 개인의 내면을 중시했고, 이를 교육의 선재적先在的 요건으로 생각했다.

「교육입국조서」의 삼대 강령이 세계적으로 보편화된 이념이라는 점에서 그 중요성은 인정하지만, 이는 '생生'에서 발로하는 '정情'[22]을 중시할 때만 실현된다고 보았다. 이 때 '정'은 개인의 '생'으로부터 발로하는 것이자, 개인의 자발성을 바탕으로 하는 감정 혹은 정서라 할 수 있다. 이러한 '정'이 자아의 영역을 넘어 타인과 매개되기 위해서는 '동정同情, sympathy'이라는 상상행위를 필요로 하는 데, '동정'을 통해 '정'은 개인적인 차원을 넘어서 '개인과 개인', '개인과 세계'의 소통을 시도하는 윤리적인 선택이자 미학적인 경험이 될 수 있었다.[23] 그는 교육을 개인의 내면에서 나오는 욕망을 근간으로 '정육'이 이루어지는 분야라고 생각했다.

情育을 其勉하라. 情은 諸義務의 原動力이 되며 各 活動의 根據地니라. 人으로 하여금 自動的으로 孝하며, 悌하며, 忠하며, 信하며,

---

22 1910년대 이광수를 비롯한 일본유학생들이 '정'이란 용어를 처음으로 사용한 것은 아니다. 이광수가 사용한 '정'은 日本을 통해 수용된 '지정의론'에서 나온 개념이다. '지정의론'은 18세기 독일에서 심리학의 합리주의적 전환을 이룩한 볼프(Christian Wolf)와 그의 학설을 수정한 칸트 등이 정립하였고, 일본에서는 니시 아마네를 위시한 계몽사상가들에 의해 수용되었다. 이들에 의해 '정'은 '상티망(정서, 감정: le sentiment)'을 번역한 의미로 이해되었다. 황종연, 「문학이라는 譯語-「문학이란 何오」혹은 한국 근대문학론의 성립에 관한 고찰」, 문학사와 비평 연구회(편), 『한국문학과 계몽 담론』, 새미, 1999, pp.23~24.

23 권보드래, 『한국근대소설의 기원』, 소명출판, 2000, pp.32~35; 손유경, 『고통과 동정』, 역사비평사, 2008, pp.17~23.

愛케 할지어다. 盲理性의 統御指導 無코는 君子되지 못한다 하니 其 或然할지니 眞正하고 深刻한 事業은 情에서 湧할 자者일진저.[24]

그는 국가가 의무만 강조하고 법률과 도덕에 복종하라고 하면 사람들은 이를 따르지 않는다고 비판하고, '정'을 육성하면 사람들이 자발적으로 국가에 충성하고 부모에 효도한다고 보았다. 그렇다고 국가를 충성의 대상에서 배제하지는 않았다. "'韓土 韓土여! 爾果其何한데 憶爾懷爾에 思慕戀戀하며 傷爾哀爾에 熱淚滂沱오.'하니 (……) 韓山을 위하여 血을 濺할까"[25]에서도 알 수 있듯이, 이광수는 개인의 '정'이 국토(국가)의 아픔을 상상하는 '동정'의 행위와 만날 때 충성심도 자연스럽게 일어난다고 보았다. 이광수가 궁극적으로 주장하고자 하는 것은 근대적 개인의 내면에서 자발적으로 나오는 충성이다. 그는 외부에서 강제되는 규범보다 '정'을 함양할 때 자기 책임감을 갖춘 근대인이 출현할 수 있으며, 교육은 이 역할을 수행해야 한다고 생각했다.

'정육'은 근대의 기획을 가능하게 하는 의지였다. 그는 전대의 윤리적 가치와 단절할 수 있는 '청년'만이 '정육'을 통해 민족의 구성원이 될 수 있으며, '신대한新大韓' 건설에 참여할 수 있다고 생각했다.[26] 이를

---

24 「今日 我韓 靑年과 情育」, 『全集1』, 1910, pp.525~526.

25 위의 글, p.526.

26 去舊就新함도 生의 保持發展을 爲함이며, 新大韓의 建設도 生의 保持發展을 爲함이라. 그러므로 이들은 善이니라, 正義니라.
「朝鮮 사람인 靑年에게」, 『全集1』, 1910, p.535.

위해 그는 '생'에서 자기의 윤리를 스스로 만들고 실천할 수 있는 '청년'을 양성하는 것이 '교육'이라 생각했다. 이들만이 '신대한'을 이끌어 나갈 수 있는 선각자가 될 수 있다고 보았다. 그렇지만 봉건의 미몽에서 깨어나 근대의 윤리를 만들어 가고 있던 '청년'의 위상은 불안했고, 그들이 건설해야 하는 '신대한'의 표상도 명징하지 않았다. 게다가 국가의 존망이라는 위기 상황에서 자유의지를 지닌 '개인'을 기반으로 하는 정육 이념의 확산은 현실적인 한계에 부딪칠 수밖에 없었다. 식민지가 될 수 있다는 위기의식은 국가의 생존과 자강을 우선시했기 때문이다. 그럼에도 이 시기 이광수가 주창했던 '정육'은 '개인'을 문명화의 주체로 삼고, '개인'의 내면을 중시한 가운데 문명국가를 건설하고자 했다는 점에서 의의가 있다.

3. '신생활운동'과 문명화 교육론

이광수가 논설에서 제시했던 조선의 문명론은 실천과 결부될 때 현실적인 힘을 얻을 수 있었다. 그가 '오산학교五山學校'와 '용동龍洞'에서 전개한 '신생활운동'은 논설에서 펼친 사변적인 문명론을 실체화하는 것이었다. 그는 이곳에서 글보다는 실천을 통해 문명의 당위성을 알렸다. 1차 일본유학을 마치기 직전부터 논설을 중심으로 다양한 장르의 글을 활발하게 발표했던 그였지만, 글쓰기도 중단할 정도로 '신생활운동'에 매진했다. 그러나 1913년 11월 새롭게 교주校主가 된 교회와 갈등을 빚으면서 그는 오산학교를 떠난다. 상하이, 치타 등을 거쳐

미국으로 가려고 했던 계획은 제1차 세계대전이 발발하면서 포기하
게 된다. 조선으로 돌아온 그는 1914년 9월 오산학교의 교원으로 복
귀했지만, 여전히 글쓰기 활동을 재개하지 않았다. 이 시기 그는 '문
장文章'보다는 생활 속에서의 실천을 중요시했고, 이 때문에 글쓰기 활
동을 중단하고 있었다.

> 내가 K학교에 온 해 팔 월 이십구 일에 합방이 되었다. 나는 K역에
> 붙은 두 나라 황제 폐하의 합병 조서를 읽었다. (……) 이 합병이라는
> 큰 사실이 내게 깊은 인상을 준 것은 말할 것도 없다. 내가 학교와
> 동회에 전 생명을 바치려던 것도 이 영향이 한 원인이 되었는지도
> 모른다.[27]

조선이 일제의 식민지로 전락한 '경술국치庚戌國恥'를 계기로 그는
'오산학교'와 '룡동'의 동회洞會 활동에 자신의 모든 역량을 바치기 시
작했다. 문장으로만 전개했던 그의 문명론은 이곳에서 실체를 지닌
'신생활운동'으로 나타났다. 그는 헌신적인 자세로 교육사업을 수행했
고, 이를 식민지 지식인인 자기의 의무라고 생각했다.

> 조국에 대한 의무를 굳세게 인식하였다. 나는 이 학생들을 가르치
> 기에 전 생명을 다 바치리라고 혼자 맹약하였다. 나는 내가 가난한

---

27 「그의 自敍傳」, 『全集6』, 1936, p.344.

생활을 하는 것을 조국에의 봉사로 생각하였다.[28]

이광수는 '오산학교' 교원이자, '용동' 마을의 동회 책임자로서 자신의 책무를 바쁘게 수행했다. 이 시기 그는 논설과 소설이 아닌 생활에서 자신의 문명론을 실행하고 점검했다. 조선인의 생활을 개선하고자 했던 '신생활운동'의 면면은 '신대한'의 표상이었다. 그는 식민지배자인 일본인과 구별되는 주체로 국가를 잃은 '조선민족'을 문명화의 주체로 세우고자 했다. 그렇지만 '국가'가 아닌 '민족'이 주체가 되면서 그의 문명론은 일제의 식민지 통치기획에 포섭될 수 있는 가능성을 내포하고 있었다.

일제는 서구제국주의 국가들과 달리 강력한 중앙집권체제를 구축하고 조선을 직접통치 방식으로 지배했다. 일제는 개인의 일상생활 영역에도 경찰력이 쉽게 개입할 수 있는 제도를 제정하고, 조선인의 모든 영역을 검열하고 통제했다. 일제는 통제의 명분으로 '조선의 문명화'를 내세웠다. 일제는 조선을 '미개未開' 상태로 규정했고 문명의 타자로 설정함으로써 조선이 문명화된 일본의 지배를 받는 것이 타당하다고 선전했다. 이 과정에서 조선인의 생활과 제도는 '야만野蠻'으로 규정되었다. 일제가 조선인들을 통제하기 위한 명분으로 사용한 '문명과 야만의 이분법'은 비서구 지역을 식민화했던 서구제국주의 국가의 논리를 차용한 것이었다.[29]

---

28 위의 글, p.343.
29 김동노, 「일본 제국주의의 조선 지배의 독특성」, 『일제식민지 시기의 통치체제 형성』, 혜안, 2006, pp.37~46.

헌병경찰력으로 조선인을 감시하고 통제하는 상황에서 이광수가 주도한 '신생활운동'은 일제가 허용하는 장을 뛰어 넘을 수 없었다. 즉 '신생활운동'은 일제의 식민지 통치기획에서 벗어날 수 없었으며, 일제가 의도하는 문명화의 방향에 조응해야 하는 것이었다. 이광수는 1914년 9월 오산학교의 교사로 돌아온 후 '용동'에 거주하면서 '신생활운동'을 재개한다. 그는 이곳을 서구의 문명화된 농촌처럼 변화시키려고 노력했다. 절미 등으로 모은 돈을 마을 구성원의 상호부조에 사용하고, 마을의 모든 의사결정을 '동회'가 주관하게 하는 촌락자치운동을 전개했다. 심지어는 부락의 위생관리를 위하여 수시로 '용동' 주민의 부부 침소까지 검열할 정도로 생활 속에서 문명화를 실현하고자 했다.[30]

 '용동'의 문명화 사업 중 위생관리 등은 일제의 문명화 정책에 부응하는 것이었다. '용동은 위생관리를 맡고 있는 헌병들도 오지 않을 정도로 청결한 마을이었다'[31]는 그의 회고처럼, 그는 자신의 문명론이 실체화되는 것에 자부심을 갖고 있었다. '야만'으로 규정되었던 조선인의 생활을 개선한 자부심은 일제의 통제를 받지 않는 조선인의 자율적 공간을 만들 수 있다는 희망을 품게 하는 것이기도 했다. 야

---

30 위생과 청결은 대표적인 문명화의 지표였다. 근대 국가는 개인의 위생을 개인 스스로가 관리하게 하지 않고 경찰을 통해 통제하고 관리하고자 했다. 근대 국가에서 개인의 몸은 국가에 관리되는 자원의 성격을 지니고 있었다.
    고미숙, 『한국의 근대성, 그 기원을 찾아서-민족·섹슈얼리티·병리학』, 책세상, 2001, pp.141~144.
31 「多難한 半生의 道程」, 『全集8』, 1936, p.451.

만스럽고 미개함을 상징하는 수사修辭로 '똥'과 '쉰내'를 사용했던[32] 그는 이곳에서 이룬 생활개선에 자긍심을 느끼고 있었다. 그리고 이곳에서 이룬 성과는 후일 전개하는 문명론의 기반이 되었으며, 문명론자로서의 자신감을 갖게 하는 것이었다. 자신의 문명기획을 정책에 반영할 수 없었던 식민지 지식인이었던 이광수는 '용동'에서 이룬 문명화의 성과를 바탕으로 문명화 교육론을 전개한다.[33]

이광수는 '오산학교'와 '용동'에서 전개한 '신생활운동'에서 자신이 제안한 교육적 실천방안이 실현되는 성과를 얻는다. 사변적인 언술보다 문명화의 이상을 삶에서 체현한 그는 교육적 실천의 중요성을 깨달았다. 그는 문명화된 조선농촌의 건설은 선각자와 동반자인 '농촌청년'이 힘을 합할 때 이룰 수 있고, 『매일신보』에 연재한 「農村啓發」에서 '向陽里'를 표본으로 제시한다. 「농촌계발」에서 '아이들'은 학교에 입학하여 근대 교육을 받으면서 새로운 가치를 수용한다. 이광수는 이를 통해 '아이들'이 전대의 가치와 유산을 단절하고, 새로운 가치를 창출할 수 있는 곳으로 나갈 수 있다고 생각했다. '아이들'이 문명화의 적임자로 선택된 것은 '청년'의 특성인 '배우는 자'이면서 '운영하는 자'의 특성에 근접하기 때문이었다.

---

32 「朝鮮 사람인 靑年에게」, 『全集1』, 1910, p.533.

33 李光洙의 '龍洞' 체험은 「龍洞」(『學之光』 8호, 1916. 3), 「農村啓發」(『每日申報』, 1916. 11. 26~1917. 2. 18)과 소설 『無情』(『每日申報』, 1917. 1. 1~6. 30), 『흙』(『東亞日報』, 1932. 4. 12~1933. 7. 10)에 영향을 주었다. 이에 대해서는 '龍洞' 체험이 「龍洞」, 「農村啓發」과 『흙』의 창작으로 이어지는 과정을 분석한 尹弘老(「春園의 龍洞체험과 글짓기 과정」, 『春園研究學報』 제3호, 2010)의 연구와 '龍洞' 체험이 「龍洞」, 「農村啓發」, 『無情』에서 등장하는 주체의 변화과정을 확대되는 서사와 연관시켜 분석한 김효진과 김영민(「계몽 운동 주체의 변화와 '청년'의 구상-이광수의 「용동」, 「농촌계발」, 「무정」을 중심으로」, 『사이間SAI』 제7호, 2009)의 연구가 있다.

개화기에서 일제강점기까지 근대 제도와 일상생활

4. 식민지교육의 현실과 교육가의 자세

「농촌계발」에서 '김일'은 보통학교에 입학하는 '아이들'에 대한 부정적인 생각을 갖고 있는 마을사람들에게 잘 살기 위해서는 이들이 근대학교에서 교육을 받아야 한다며 설득한다. '과거 학문의 무용성과 현재 학문의 필요성을 강조하기 위해 대학교 졸업을 과거급제에 빗대어 설명하고, 급제한 사람이 많은 문중보다 학사·박사가 많은 문중이 양반 대접을 받는다'[34]고 말한다. '김일'은 아이들을 보통학교에 보냄으로써 조선 농촌의 문명화를 추진하고 지속할 수 있는 기반을 마련할 수 있다고 생각한다.

아이들이 받는 교육은 학습내용이나 학습효과에서 과거와 질적으로 다른 것이었다. 근대학교는 지식을 학습하는 것에만 그치지 않고 각종 규칙을 내면화한 주체를 양성하는 곳이었다.[35] 즉 아이들이 학교에서 받는 학습내용은 전대사회의 교육내용과 다른 것이었다. 아이들은 학교에서 근대지식만 배우지 않고, 이곳에서 이를 전수받으면서 근대적 인간으로 변화하게 된다.[36] 보통학교에 입학한 아이들은 학교의 규칙을 지켜야 했지만, 아이들은 '向陽里'라는 제한된 공간을 뛰

---

34 「農村啓發」, 『全集10』, 1916, pp.75~76. .

35 이효덕, 『표상공간의 근대』, 소명출판, 2002, pp.215~216.

36 "不過 二十日 內에 學徒들은 父母께 恭待하기와, 長子께 敬禮하기와, 室內와 庭除를 掃除하기와 每日 掃洗하기를 學하였소.(「農村啓發」, 『全集10』, 1916, p.79.)"에서 알 수 있듯이 근대학교는 가정과 사회를 잇는 사회화의 핵심 공간이었다. 학교는 근대사회가 요구하는 각종 형태의 규율을 학생들에게 내재화시키는 곳이었다.
김진균·정근식·강이수, 「일제하 보통학교와 규율」, 김진균·정근식 편, 『근대주체와 식민지 규율권력』, 문화과학사, 1997, pp.82~83.

어 넘을 수 있는 교육을 받는다는 점에서 조선의 미래를 이끌어갈 수 있는 존재로 설정된다.[37] 이광수는 보통교육을 문명화를 위한 교육제도의 첫 번째 단계로 생각했고, 조선의 미래를 이끌어 갈 전문가 양성의 초석으로 생각했다.

이광수의 이러한 생각과 달리 1910년대 관립보통학교의 취학률은 일제지배에 대한 거부감으로 높지 않았다.[38] 그럼에도 이광수는 조선총독부의 기관지인 『매일신보』에 연재하는 글을 통해 보통학교 취학을 장려했다. 그는 보통교육이 식민지지배체제를 공고화하는 교육제도라 할지라도 조선의 문명화를 위해서는 반드시 수용해야 하는 것으로 인식했다.

> 우리는 조선인이 경제적으로나 문화적으로 열등함을 안다. 따라서 조선인을 오늘날의 일본인과 평등하게 대우해 주지 않는다고 해서 턱없이 국가(日本; 인용자 주)를 미워한다거나 저주하는 것은 아니다. 다만 조선인도 장래에 문화의 수준이 높아지면 일본인과 평등한 권리와 의무를 향유할 수 있다는 보장만 있다면 만족할 것이 틀림없다. (……) 우리는 국가로부터 조금씩 자유와 권리를 얻는 것, 그것만을 믿고 기다린다. 그리고 우리도 진지하게 이를 조금씩 요구하고자

---

37 대중은 학교교육을 통해 문자를 해독하게 되면서 자신의 의사를 공간 제한을 받지 않고 확장할 수 있게 되었다. 역설적으로 이러한 상황은 문자로 이루어지는 권력의 간섭으로부터 대중이 자유롭지 못한 상황을 만들었다.
위의 책.
38 오성철, 『식민지 초등교육의 형성』, 교육과학사, 2000, pp.23~24.

하는데, 우선 교육의 해방을 요구하지 않을 수 없다. 왜냐하면 교육은 문화 향상의 유일한 길이기 때문이다. (……) 우리의 요구는 한 마디로 충분하다. 즉 일본 내지와 같은 교육제도 하에 일본인과 동등한 교육을 받고 싶다는 것이다. 그리고 졸업 후에는 일본인과 평등한 자격을 인정받고 싶다. (……) 우선 소학과 중학의 보통학교를 일본과 동일하게 만들고 나아가서는 조선에 각 분과가 있는 대학을 설립해 주었으면 한다.[39]

그는 '順良한 植民地 臣民 養成'을 관립보통학교정책의 목표로 삼았던 조선총독부의 교육정책을 표리부동한 것으로 비판한다. 그러나 '日本帝國이 朝鮮人의 同化를 인정한다면 日本과 同一한 敎育制度를 朝鮮에서 實施해야 하고, 朝鮮人이 日本人과 平等한 敎育을 받을 수 있는 與件을 造成해야 한다'고 요구하는 그의 표현은 일본의 지배를 전제하고 있다. 조선인의 교육이 개선되어야 하는 표면적인 이유를 조선인과 일본인이 진정한 동화를 이루기 위해서라고 내세우며, 이러한 요구가 실현되면 '朝鮮人을 日本 天皇의 皇恩을 입은 臣民', '同一한 天皇의 赤子'가 될 것이라고 하고, '日本帝國에서 朝鮮人도 參政權을 附與받아 日本 臣民의 대열에 참가'할 수 있다고 주장한다. 그의 요구는 식민체제 인정을 전제로 하는 것이었지만, 조선의 문명화를 이루기 위한 제도적 방안을 거론하는 것이었다.[40]

---

39 孤舟生, 「朝鮮人敎育에 對する要求」, 『洪水以後』 8호, 1916. 3, p.51; 하타노 세츠코, 최주한 역, 『일본 유학생 작가 연구』, 소명출판, 2011, pp.171~176에서 재인용.

40 이 글의 표현만을 문제 삼아 이 시기 그가 일제의 식민지배를 인정했던 것으로 판단하면, 그

일제는 새로운 학제를 시행하여 조선에서 보통교육을 이수하지 않으면 전문교육 과정으로 진학할 수 없게 하였다. 이처럼 보통교육은 식민지 조선에서 근대학문을 학습하기 위한 제도교육의 첫 관문이었다. 이광수는 일제의 감독을 받는 보통학교라 할지라도 조선의 문명화를 이루기 위해서는 조선인들이 이곳에서 근대교육을 받아야 한다고 생각했다. 즉 일제가 식민지 조선의 교육을 식민지 지배를 위한 방편으로 운용한다 하더라도 조선의 문명화를 위해서라면 식민화교육도 받을 필요가 있다고 생각했다. 그러나 '朝鮮人도 日本語로 修學할 能力이 된다며 日本과 同一한 水準의 敎育內容과 同一한 敎育制度를 시행해 달라고 요구'할 정도로 제도 교육의 확대 필요성을 강조했지만, '오도답파여행'에서 목격한 조선의 교육 현실은 열악했다.

장편 『無情』의 발표 직후 매일신보사의 후원을 받아 조선의 다섯 개도(忠南, 全北, 全南, 慶南, 慶北)를 시찰하면서 쓴 「五道踏破旅行」(『매일신보』, 1917. 6. 29~9. 12)에서 그는 조선의 열악한 교육현실을 목격한다. 그는 이 글에서 보통교육 확대의 필요성을 강조하고, 기술교육을 통해 부를 창출해야 한다고 강조한다. 그렇지만 각 도의 도청에서 도장관道長官으로부터 들을 수 있었던 교육현황은 교육의 당위성과 계획

의 문명론에 내포된 복합적인 특성을 간과하게 된다. 이에 대해 하타노 세츠코는 이광수가 식민지 조선의 불평등한 교육상황을 개선하기 위한 의도로 일제가 주장하는 '동화'의 논리를 역이용했다고 보고 있다. 그는 이광수가 『홍수이후』 다음 호에 익명으로 게재하려 했던 글에서 일제의 조선인 차별을 격렬하게 비판하려 했다는 점을 들고 있다. 그는 이광수가 일제지배하에서 자신의 글을 실명 혹은 익명으로 발표하는 상황에 따라 수사적 표현을 달리했다고 보고 있다.
앞의 책, pp.87~90.

개화기에서 일제강점기까지 근대 제도와 일상생활

뿐이었다. 그렇지만 전북 전주全州와 경북 대구大邱에 설립된 학교를 방문하면서 그는 그곳에서 조선교육의 희망을 발견한다. 농업, 상업, 공업 인력을 양성하기 위한 실업교육기관이 설립된 전주에서 실업교육의 방향을 거론하고,[41] 큰 부자가 아님에도 사비를 털어 해성학교海星學校를 설립하여 운영하는 대구의 김찬수金燦洙를 조선인들이 본받자고 강조한다.[42] 이에 비하여 인구가 이십만 명이 넘으면서도 보통학교는 하나밖에 없는 전남 광주의 교육상황에 대해서는 개탄하며 조선인의 분발을 요구한다.

> 光州와 같은 巨邑에 普通學校가 오직 하나, 農業學校와 宗敎學校
> 가 있다 하지마는 人口가 二十萬이나 되는 光州郡에 學生이 不過
> 四, 五百名이라 하면 浩歎할 일이 아니냐. 적게 잡아 人口 每一萬에
> 普通학교 一個씩이라 하더라도, 二十은 있어야 할 것이다. 걱정은
> 비록 많지마는 敎育이 普及하지 못한 이만한 걱정이야 또 있으랴.
> 時勢는 바로 時로 變遷하는데 民知는 如前하니, 참 可歎할 일이다.
> 商工業의 發達이니 淸潔이니 衛生이니 勸勉이니 公益이니 하고 絶
> 叫하는 것도 부질없는 일이다. 모두 敎育의 普及을 기다려서야 될
> 일이다.[43]

41 「五道踏破旅行」, 『全集9』, 1917, pp.92~94.

42 위의 글, pp.118~119.

43 위의 글, pp.98~99.

'부의 창출'을 강조하는 그의 실업 교육관은 때로 부의 형성과정에 대한 도덕적 평가를 간과하기도 한다. 고루한 충남 양반들과 달리 실업활동에 전념한다는 이유로 친일파였던 갑부 김갑순金甲淳을 본받아야 하는 인물로 추켜세우는데,[44] 그의 이러한 인식은 실업 발달만이 조선민족의 부를 축적할 수 있다는 강박관념에서 비롯된 것이다. 보통교육과 전문교육을 통해 인력을 양성해야 하며, 이들은 실업정신을 갖추고 조선의 부를 창출하기 위해 노력해야 한다고 보았다. 그렇지만 '오도답파여행'에서 목격한 조선의 현실은 '원시적 종족생활'과 다르지 않는 것이었고,[45] 이를 개선할 수 있는 교육의 확대도 쉽게 이루어질 수 없는 것이었다.

조선인을 위한 교육기관 확대와 교육제도 개선이 이루어지지 않는 식민지 교육현실에서 이광수가 교육가의 헌신적인 노력을 요구하는 것은 당연한 귀결이라 할 수 있다. '學校 數보다 敎育家가 더 많아야 한다고 强調한 것'[46]도 이러한 상황인식에서 비롯된 것이다. 그는 조선에서 사명감을 지닌 교육가가 많이 나와야 한다고 생각했다. '學校가 아무리 많다 해도 一生을 敎育에 獻身하는 敎育家가 없으면 그것은 虛僞的인 것'이라는 그의 정의는 교육의 질적 측면을 중시한 발언이다. '高尚하고, 神聖하고, 尊嚴한 곳인 學校는 品格과 熱性을 갖추고,

---

44 위의 글, p.86.

45 이광수는 오도답파여행 중에 목격한 식민지 조선의 현실을 떠올리며 "나는 도리어 深刻한 悲哀를 깨달았다. 견디다 못하여 旅館을 나서서 海岸을 向하여 뛰어 나가서, 그 葉舟를 바라보다가 마침내 눈물이 흘렀다"로 자신의 슬픈 감정을 표현했다.
위의 글, p.109.

46 「敎育家 諸氏에게」, 『全集10』, 1916, pp.59~60.

專門的인 敎育學을 履修한 敎育家가 運營해야 한다'고 생각했다.[47] 교육가의 내면에서 나오는 자발적 헌신성의 강조는 초기 논설에서 주장한 '정육론情育論'의 연장선상에서 거론되는 것이었다.

> 敎育을 行하는 者는 敎育家라. (……) 敎育者는 敎壇에 臨하기 前에 반드시 그 作하려는 人物을 心中에 作하여야 할지라. 問하노니 今日 敎育家 諸氏는 如此如此한 人을 作하겠다 하는 理想이 有한가 否한가. 此가 第一問이요. (……) 今日 敎育家 諸氏는 如此如此한 材料로 如此如此히 하겠다 하는 差備와 技能이 有한가 否한가. 此가 第二問이요. (……) 今日 敎育家 諸氏에는 如此한 獻身的 大決心, 大情神이 有한가 否한가. 此가 第三問이요.[48]

이광수가 생각하는 교육가의 위상은 확고한 교육목표와 교육방법을 갖추고, 헌신적인 자세로 사명감을 갖고 교육계에 투신한 자이다. 이 시기 그는 사회의 공동목표를 위해 희생할 수 있는 사람의 양성을 교육목표로 생각하고 있었다. 이는 초기논설에서 개인의 내면을 중시했던 '정육情育'의 의미를 뒤집는 것이었다. '개인'은 개별적인 존재라기보다는 사회에 종속되는 존재가 되며, 사회구성원으로 주어진 의무를 이행해야 하는 존재로 규정된다.

---

47 위의 글, p.61.

48 위의 글, p.51.

社會生活을 營하는 動物은 二個의 生命을 保存할 義務가 有하며 便히 發達한 社會에 在하여 社會의 生命을 離하여 個人의 生命을 想像치 못할만하므로 (……) 各人에게는 社會에 對한 義務라는 것 이 生하나니, 然則 敎育이 造하려는 人은 個體와 種族을 圓滿히 保存・發展하는 能力 以外에 公益이라든가, 慈善이라든가, 社會共同 의 發展・幸福을 爲하여 心力과 體力과 財産과 幸福의 一部를 貢獻 할 만한 能力이 有하여야 할지라.[49]

이런 상황에서 교육은 사회발전에 기여해야 하는 공익적 역할을 부여받았다. 공익을 위한 교육은 실생활을 개선하고 실질적인 이익 을 주는 내용으로 이루어져야 하며, 허례와 허위적 의식을 배격한 전 문교육으로 이루어져야 했다. 이광수는 이렇게 함으로써 여러 전문 분야의 성과가 집적되면 조선에서 문명이 실현될 수 있다고 생각했 다.[50] 이에 비하여 '예악형정禮樂刑政'을 중시했던 전대의 교육은 조선을 식민지로 전락시킨 해악인 것으로 규정했다.[51] 그는 근대교육을 받 은 교육가만이 조선의 문명 발전을 도모할 수 있다고 생각하고, 이들 은 '特殊한 技能知識 외에 爲先 其國家, 其社會, 其時代의 敎育의 根 本理想을 갖추고 있는 자'[52]가 될 것을 요구했다.

---

49 위의 글, pp.58~59.

50 위의 글, p.50.

51 余는 朝鮮衰退의 原因을 오직 敎育의 根本思想인 實生活을 無視한 儒敎敎育의 害毒에 歸 하는 者로다.
　　같은 글.

52 위의 글, p.52.

개항기에서 일제강점기까지 근대 제도와 일상생활

'오산학교' 교사를 그만 두고 2차 일본유학을 떠났던 이광수는 교육의 중요성을 더욱 강조하게 된다. 조선의 문명화를 위해 제도교육의 개선 등을 요구하고, 이를 선도할 교육가의 사명감을 요구한다. "教育도 爲先 根本되는 教育을 始한 後에야 各分課의 特殊한 教育을 始하나니"[53]라는 발언에서 알 수 있듯이, 조선의 교육은 보통학교와 전문학교로 이어지는 학제를 바탕으로 내실 있는 교과내용을 가르칠 수 있는 교육가가 담당해야 한다고 주장했다. 그러나 식민지 조선의 교육현실은 여전히 열악했다.

5. '조선민족의 신문화' 산출과 교육적 노력

전대의 가치와 유산에서 벗어나 새로운 문화를 창조할 것을 요구하는 순간 전대사회의 근간이 되었던 유교적 가치들은 폐기대상으로 전락한다. 실생활에 실익을 주는가에 따라 학문의 가치를 재평가했던 이광수는 전대의 학문을 '허례虛禮'와 '허위虛僞'로 규정했다. 그는 조선의 발전을 저해하고 멸망에 이르게 한 허위의 학문을 배격함으로써 조선민족이 다시 도약할 수 있다고 보았다. 비록 지금은 조선민족이 경쟁에서 밀려 열패자劣敗者가 되었지만, 전대와 다른 '조선민족의 신문화'를 창조한다면 세계문화사에 동참할 수 있다고 주장했다.

---

53 「教育家 諸氏에게」, 『全集10』, p.52.

道德이니 禮儀니 하는 것은 個人이나 靑年元氣 時代를 經하여 老成期에 入한 後에 生하는 것이니, 個人이 道德, 禮儀의 종이 되게 되면 그는 이미 墓門이 近하였고, 民族이 道德 禮儀만 崇尙하게 되면 그는 이미 劣敗와 滅亡을 向하는 것이라.[54]

朝鮮族이 存在의 價値를 엇을 길은 하나이오, 또 오직 하나이니, 즉 朝鮮族의 것이라 일컬을 新文化를 創造함이외다.[55]

이광수의 글 중에서 '문화'라는 용어는 이 글에서 처음 등장한다. 여기에서 '문화'는 정신적인 영역보다는 문명에 가까운 개념으로 사용되었다.[56] 즉 이 글에서 사용한 '문화'의 개념은 조선민족의 특수한 정신적인 영역을 지칭하는 것이 아니었다. '조선민족의 신문화' 창조를 주장하는 이 글에서 '문화'의 의미는 명확하지 않지만, 여전히 물질적 발전을 의미하는 '문명'의 자장에 놓여있었다.[57] '大學, 圖書館, 各種 硏究室을 설치하고, 美術展覽會 등을 열어 재주 있는 個人이 學

개화기에서 일제강점기까지 근대 제도와 일상생활

---

54 「爲先 獸가 되고 然後 人이 되라」, 『全集10』, 1917, p.243.

55 「우리의 理想」, 『全集10』, 1917, p.246.

56 영국과 프랑스에서 '文明'과 '文化'는 동의어로 사용되었으나, 19세기 이후 경제적 번영과 과학적 발전이 이루어지면서 '文明'이라는 용어를 선호하게 된다. 이에 비해 근대국가의 성립이 늦었던 독일에서는 순수한 정신적인 영역만을 가리키는 좁은 의미의 '文化'가 강조되었다.
안성찬, 「문명과 야만 1: 차별의 문명담론」, 『문명 안으로』, 한길사, 2011, p.83.

57 이런 점에서 李光洙의 '문화'개념을 기존 연구와 달리 '문명'에 가까운 것으로 보는 연구는 주목할 가치가 있다.
최주한, 「李光洙와 식민지 문명화론」, 『서강인문논총』 제27집, 2010, pp.387~388.

쩔하고 뜻을 펼칠 수 있는 機會를 주어야 한다'[58]는 그의 주장에서 궁극적 지향점이 '문명'인지 아니면 '문화'인지는 확실하지 않다. 그가 국가 간 경쟁에서 생사의 위기를 극복하기 위한 수단으로 제시한 '조선민족의 신문화'는 우승열패優勝劣敗의 사회진화론에 의거한 것이다. 그렇다면 '조선민족의 신문화'를 창조하기 위한 교육은 실용성에 주안점을 둘 수밖에 없게 된다.

> "옳습니다. 교육으로, 실행으로 저들을 가르쳐야지요. 인도해야지요! 그러나 누가 하나요?"하고 형식은 입을 꼭 다문다. 세 처녀는 몸에 소름이 끼친다.
> (……) "우리가 지금 차를 타고 가는 돈이며 가서 공부할 학비를 누가 주나요? 조선이 주는 것입니다. 왜? 가서 힘을 얻어 오라고, 지식을 얻어 오라고, 문명을 얻어 오라고 (……) 그리해서 새로운 문명 위에 튼튼한 기초를 세워달라고 (……) 이러한 뜻이 아닙니까"
> (……) 이 때에 네 사람의 가슴속에는 꼭 같은 '나 할 일'이 번개같이 지나간다. 너와 나라는 차별이 온통 한몸, 한마음이 된 듯하였다.[59]

『무정』에서 '이형식'은 '선형', '영채', '병욱'의 내면에 존재하는 '정'을 자극함으로써 조선민족의 아픔을 공유하고 이겨낼 수 있는 방안

---

58 「우리의 理想」, 앞의 책, 1917, p.249.
59 이광수, 김철 편, 『무정』, 문학과지성사, 2005, pp.463~464. 이 글은 1918년 7월 新文館, 東洋書院에서 발간한 첫 단행본을 저본으로 삼고, 여러 차례 간행된 전집의 내용을 비교하고 검토한 김철 편집의 텍스트를 『무정』의 비평적 원본으로 삼았다.

을 제시한다. 그것은 교육과 실천을 통해 이루어지는 것이었다. 물질적 표상으로 인식되는 '문명'[60]을 이루기 위한 교육방안으로 기초학문의 학습도 중요했지만, 식민지 조선에서 시급하게 요청된 것은 실용학문이었다.[61] 궁극적으로 '조선민족의 문명화' 방안 중의 하나였던 '조선민족의 신문화' 창조에서 기초학문은 효용성이 떨어질 수밖에 없었고, 그들이 배우고자 하는 학문도 개인의 욕망을 반영하지 않는 것이었다.

> 同情이란 나의 몸과 맘을 그 사람의 處地와 境遇에 두어 그 사람의 心思와 行爲를 생각하여 줌이니, 實로 人類의 靈貴한 特質中에 가장 靈貴한 者다. 人道에 가장 아름다운 行爲—慈善·獻身·寬恕·公益 등 모든 思想과 行爲가 이에서 나오나니 果然 人類가 다른 萬物에 向하여 소리쳐 자랑할 極貴極重한 寶物이로다.[62]

이광수의 초기 논설에서 제시된 '개인'은 내면에서 나오는 '정'을 바탕으로 민족의 아픔을 공유하고, 인류의 보편적 가치를 공유하는 존재였다. 『무정』에서도 '정'은 수해를 당한 삼랑진三浪津 사람들의 아픔

---

60 선진 문명국을 모범으로 삼고 이들 국가를 따라가고자 했던 국가들에서 '문명'은 생존의 차원에서 이해되는 것이며, '부국강병'이라는 물리적 표상으로 이해되었다.
류준필, 「'문명'·'문화' 관념의 형성과 '국문학'의 발생」, 『민족문학사연구』 18집, 2001, p.18.

61 이런 점에서 『무정』의 "생물학이 무엇인지도 모르면서 새 문명을 건설하겠다고 자담하는 그네의 신세도 불쌍하고 그녀를 믿는 시대도 불쌍하다(위의 책, p.466)"라는 서술자의 독백은 다중적인 의미를 지닌다.

62 「同情」, 『全集1』, 1914, p.580.

을 공유하는 '동정同情'의 기반이 된다. 한편 '정'은 문명의 세례를 받지 못한 조선민족을 문명화시키겠다는 의지의 근원이기도 하다. 개인의 내면에서 생성된 측은지심惻隱之心이 사회적 연대감으로 고양되면서 민족의 공익을 상상하게 하는 것이다. 그렇지만 이들의 선택과 행위가 민족적 요구에 의한 것이 되면서 주체의 욕망에 기초하는 '정'은 억제해야 하는 것이 된다. 따라서 『무정』에서 교육은 조선의 미래를 위해 개인이 자신의 욕망을 배제하는 과정으로 제시된다. "제가끔 제 장래를 그려본다. 그리고 그 장래의 귀착점은 다 같았다."[63]는 서술처럼 조선의 문명화라는 목표 앞에서 '정情의 개인個人'의 입지는 축소될 수밖에 없는 것이다.

이광수는 국가(민족) 간 경쟁에서 도태되지 않기 위해 교육적 노력이 중요함을 강조한다. 민족의 공동이익을 실현하기 위한 교육적 사명감이 우선적인 것으로 요구되면 자발적 정서와 의지에 기초를 두는 '정육'은 약화될 수밖에 없다. 그럼에도 사명감을 갖춘 교육가의 현실에서의 좌절[64]은 다시 '정육'의 중요성을 상기하게 했다. 『무정』에 이어 『每日申報』에 연재한 『개척자』(1917. 11. 10~1918. 3. 15)에서 그는 '정육'을 '조선민족의 신문화'와 연계함으로써 「우리의 理想」에서 제시한 개조의 방향을 서사화한다.

63　이광수, 김철 편, 『무정』, 문학과지성사, 2005, p.467.

64　조선에서 사명감을 갖춘 교육가들의 좌절 과정은 소설로 서사화된다. 『무정』에서 경성학교 영어교사 '이형식'이 배학감 등의 방해로 교사직을 사퇴하는 것이나, 현실의 물욕을 거부하고 화학실험에만 열중하다 실패하는 『개척자』의 '성재' 등이 이에 해당한다고 할 수 있다.

제가 그림을 그리는 것은 미술 없는 조선 사람에게 미술을 주려고 하는 것이야요. 즉 제가 이 도토리가 되어서 움이 나서 자라서, 자꾸 자꾸 자라서 큰 나무가 되어서 이러한 도토리를 많이 맺잔 말이야 요. 알아듣기 쉽게 말하면, 지금 그림 그리는 사람이 나 하나 밖에 없지마는 장차는 수백 명 수십 명 있게 하자는 말이지요.[65]

'天才를 지닌 자가 朝鮮의 文明化에 共感하는 사람들을 규합하고, 더 나아가 團體를 結成'하고[66] 민족의 발전을 도모하는 방안은 「民族 改造論」(1922)으로 이어진다. '朝鮮民族의 改造는 道德的 改造와 精 神的 改造가 根本이 되어야 한다'는[67] 주장은 '나天才'로부터 외연을 확 장하는 것이었다. 그는 전대의 가치들을 극복하기 위한 방안으로 '나 부터 먼저 개조'함으로써[68] 개인과 민족의 결속력을 높이고자 했다. 이 과정에서 민족개조를 목적으로 하는 단체에 귀속되는 '개인'의 입 지는 약화될 수밖에 없었다. 또한 민족을 위해 개조요청을 받은 개인 의 모습에서 스스로 근대의 윤리를 만들어가는 근대적 주체였던 '청 년'의 특성도 사라지게 된다.

---

65 『開拓者』, 『全集1』, 1917, p.226.
66 「우리의 理想」, 앞의 책, 1917, p.248.
67 「民族改造論」, 『全集10』, 1922, p.123.
68 위의 글, p.143.

6. 결론

1910년대 이광수 논설에서 나타난 주체는 18세기 유럽의 계몽 주체와 유사하다. 전대적 가치를 부정하고 새로운 이념을 기획했다는 점도 서구의 근대주체와 유사하다. 그렇지만 조선에서 문명화를 선도해야 하는 근대주체는 개인적 가치보다 민족적 가치를 우선시했다는 점에서 차이점을 지니고 있었다. 이광수는 조선의 전대 유산과 가치를 서구문명의 기준으로 평가했고 철폐해야 할 대상으로 설정했다.

1910년대 발표한 글에서 그는 전대 문화에 대해 극단적인 반감을 드러낸다. 그렇지만 그의 언술에는 와해되지 않는 봉건적 토대와 이로부터 파생된 인습을 강박감을 갖고 걷어내려고 하는 주체의 불안함이 내포되어 있다. 조선의 문명화를 교육을 통해 성취하고자 했던 그는 논설과 소설을 통해 문명조선 건설의 당위성을 알리려고 했다. 이광수에게 '교육'은 전대의 질서와 가치를 부정해야 하는 근대주체인 '청년'이 선택한 문명화의 실천방법이었다. 이를 위해 초기논설에서 그는 '정육'이 교육의 근간이 되어야 함을 강조했지만, '정'의 육성은 선언적 수준을 벗어나지 못했다. '정'이 '지·덕·체'의 함양과 어떻게 관계를 맺는지나, 이를 육성하기 위해 제시한 교육적 실천방안은 사변적 수준을 벗어나지 못한다. 이를 구체화하기 위해서 그는 자신의 문명론을 현실에서 실체화하고자 한다.

그는 자신이 주장한 다양한 문명화 기획을 '오산학교'와 '용동'에서 실행하면서 성과를 거둔다. 자신이 교원으로 있던 '오산학교'와 교주인 이승훈李昇薰이 세운 '용동'은 자신의 문명론을 실현하는 핵심적인 공간이었다. 논설에서 개진했던 문명론은 '동회'를 설립한 '용동'에서 '신생활운동'으로 나타났다. 그는 하위 공동체에서부터 봉건적 인습을 타파하고, 문명적 신생활을 실천함으로써 문명조선을 건설하고자 했다. '오산학교'와 '용동'에서 이루어졌던 '신생활운동'은 학생들과 동민들에게 단순히 근대지식을 전달하는 것에 국한되지 않았다. 그는 이들을 근면, 검약, 협동 등을 내면화한 근대적 인간으로 변화시키고자 했다.

생활개선을 강조했던 그의 문명론은 1916년부터 변화하는 모습을 보여준다. 이광수는 1916년 '사상가, 교육가가 되겠다는 결심을 하고 조도전대학 철학과에 입학'한다.[69] 이곳에서 칸트, 헤겔, 다윈, 마키아벨리 등의 철학사상을 접하고 힘의 우위를 강조하는 사회진화론에 심취하게 된다. '조선민족이 생존하기 위해서는 신문화를 산출해야 한다'고 주장하는 「우리의 理想」은 이러한 사상적 혼란의 산물이었다. 정치에 종속되지 않은 '조선민족의 신문화'를 창조함으로써 세계문화사에서 지위를 획득해야 한다는 그의 주장은 식민지 조선의 독립이 요원해지는 상황과 무관하지 않았다. 이러한 그의 주장은 앞서 발표한 논설의 논지를 잇고 있는 것이었다. 일본의 근대교육제도를 소개하고(「東京雜信」, 『每日申報』, 1916. 9. 27~11. 9) 일본인과 동일한 조건의 교육제도와 동일한 수준의 교육을 요구(「朝鮮人敎育に對する要求」, 『洪水以後』 8号, 1916. 3)하고, 조선의 다섯 개 도를 시찰하며 목격했던 열악한 조선의 교육현실을 개탄(「五道踏破旅行」, 『每日申報』, 1917. 6.

---

69 「多難한 半生의 途程」, 『全集8』, 1936, p.452.

29~9. 12)했던 그는 조선인도 '교육'을 받으면 제1차 세계대전으로 급변하고 있는 세계사에 동참할 수 있다고 보았다.

'조선민족의 신문화' 창조를 주장하는 그의 주장은 '우승열패'의 사회진화론을 근간으로 하는 것이었다. '조선민족의 신문화'를 이루기 위한 방법으로 민족에 공헌할 수 있는 '천재天才'를 교육해야 한다고 주장했다. 조선의 교육현실에서 보통교육과 전문교육이 시급하게 실현돼야 할 것으로 보았지만, 오도답파여행에서 열악한 조선의 교육환경을 실제로 목격하면서 문명화 교육의 방향을 수정한다. 그는 제도교육의 확대가 조선의 문명화를 위해 시급한 것으로 인식했지만, 이를 선도할 교육가가 이보다 중요하다고 생각했다. 민족적 노력으로 근대 지식을 교육받은 조선의 '천재'들은 '조선민족의 신문화'를 창조해야 하는 의무를 지니고 있다고 생각한 것이다. 이러한 그의 생각은 망명지 상해에서 돌아와 발표한 「民族改造論」으로 이어졌다.

1910년대 그의 논설에 나타난 교육론에서 '정'은 중요한 모티프였다. '정'은 시기에 따라 지향점을 달리 하면서도 근대주체를 구성하는 중요한 항목으로 다루어졌다. '정'은 스스로 규준을 세워야 하는 근대주체의 책임감을 강화하고 자발성을 높이게 하는 요소였다. 1910년대 초기 그가 '정'의 육성을 교육의 주요 목표로 설정한 것도 이 때문이다. 근대주체는 과거의 질서에 안주하지 않을 때 자신의 존재의의를 인정받을 수 있었는데, 이 때 '정'은 근대주체의 봉건적 회귀를 막는 요소가 되었다. 주어진 표준을 거부하고, '생'에서 발현하는 '정'이야말로 문명화를 위해 외로운 길을 가는 근대주체의 요건이었고 교육을 통해 이를 육성해야 했다.

그러나 대한제국의 멸망으로 인하여 이광수는 추상적이고 관념적인 교육론 전개보다 실생활을 개선할 수 있는 교육적 실천을 중시하게 된다. 그는 '신생활운동'을 통해 농촌개량의 성과를 거둔다. 그는 이 체험을 통해 식민지 조선에서 필요한 것이 무엇인지 인식하게 된다. 문명화를 선도하는 헌신적인 교육가의 필요성을 인식한 것이다. 학교의 숫자는 허상이었다. 전문적 식견과 헌신적인 자세를 갖춘 교육가를 어떻게 양성해야 할 것인가가 문제로 대두되었다. 이들 교육가는 민족의 공동이익을 위해 헌신할 수 있는 자이면서 민족의 고통을 자신의 아픔처럼 '동정'으로 공유할 수 있는 자이어야 했다. 장편소설 『무정』에서 교육의 중요성을 강조한 것은 이 때문이다. 내면에서 발현하는 '동정'을 바탕으로 '타인'을 '나'와 같이 생각하기, '타인'의 고통을 '나'의 아픔으로 공유할 줄 아는 근대인을 육성하려고 했지만, 민족이 우선시되면서 개인의 입지는 약화될 수밖에 없었다. 그것은 조선의 문명화를 갈구했던 그의 강박관념이 빚어낸 것이기도 했다.

참고 문헌

1. 기초 자료

『李光洙 全集』, 三中堂, 1971.

이광수, 김철 편, 『무정』, 문학과지성사, 2005.

2. 논저

고미숙, 『한국의 근대성, 그 기원을 찾아서-민족·섹슈얼리티·병리학』, 책세상, 2001.

권보드래, 『한국근대소설의 기원』, 소명출판, 2008.

김동노 외, 『일제식민지 시기의 통치체제 형성』, 혜안, 2006.

김동식, 「한국의 근대적 문학개념 형성과정 연구」, 서울대학교 박사학위논문, 1999.

김영민, 『현대소설사』, 솔, 1997.

김영호, 「근대한국의 부국강병 개념」, 하영선 편, 『근대한국의 사회과학 개념형성사』, 창비, 2009.

김종식, 『근대일본 청년상의 구축』, 선인, 2007.

김진균·정근식·강이수, 「일제하 보통학교와 규율」, 김진균·정근식 편, 『근대주체와 식민지 규율권력』, 문화과학사, 1997.

김현주, 『한국 근대산문의 계보학』, 소명출판, 2004.

김효진·김영민, 「계몽 운동 주체의 변화와 '청년'의 구상-이광수의 「용동」, 「농촌계발」, 「무정」을 중심으로」, 『사이間SAI』 제7호, 2009.

류준필, 「'문명'·'문화' 관념의 형성과 '국문학'의 발생」, 『민족문학사연구』 18집, 2001.

손유경, 『고통과 동정』, 역사비평사, 2008.

안성찬 외, 『문명 안으로』, 한길사, 2011.

오성철, 『식민지 초등교육의 형성』, 교육과학사, 2000.

윤영실, 「국민국가의 주동력, '청년'과 '소년'의 거리」, 『민족문화연구』 제48호, 2008.

윤홍로, 「춘원의 용동체험과 글짓기 과정」, 『춘원연구학보』 제3호, 2010.

이윤미, 『한국의 근대와 교육』, 문음사, 2006.

이효덕, 『표상공간의 근대』, 소명출판, 2002.

장영숙, 『고종의 정치사상과 정치개혁론』, 선인, 2010.

조윤정, 「근대 초기 학교와 조선인의 지적 욕망-이광수의 1910년대 문학을 중심으로」, 『정신문화연구』 33권 제1호, 2010. 3.

최주한, 「이광수와 식민지 문명화론」, 『서강인문논총』 제27집, 2010.

홍혜원, 「이광수 초기 논설에 나타난 '문학'과 '교육'의미」, 『한국언어문학』제74집, 2010.

황종연, 「문학이라는 譯語-「문학이란 何오」 혹은 한국 근대문학론의 성립에 관한 고찰」, 문학사와 비평 연구회 편, 『한국문학과 계몽 담론』, 새미, 1999.

3. 번역서

가라타니 고진, 박유하 역, 『일본근대문학의 기원』, 민음사, 1997.

하타노 세츠코, 최주한 역, 『일본 유학생 작가 연구』, 소명출판, 2011.

M. 버만, 윤호병 역, 『현대성의 경험』, 현대미학사, 1998.

M. 호르크하이머·Th. W. 아도르노, 김유동·주경식·이상훈 역, 『계몽의 변증법』, 문예출판사, 1995.

개화기에서 일제강점기까지 근대 제도와 일상생활

일본 아동문학의 정전화 과정

김영순_단국대학교 동양학연구원 연구교수

이 글은 『창비어린이』(2011년 겨울호, 창비, 2011. 12. 1)에 게재된 것을 수정·보완하였다.

1. 정전, 메커니즘, 그리고 역학적 인과관계

'고전'이나 '명작'이 아닌 '정전'이라는 용어를 바탕으로 일본 아동 문학을 살피고자 했을 때, 필자는 우선 '정전'이라는 낱말이 지닌 의미에 관심이 갔다. 일명 지금 통용되고 있는 '정전'은 각 시대의 주요 작을 가리키는 것이겠지만, 필자는 이번 글에서 일본 아동문학의 태동기인 근대에서 현대까지를 개괄하는 의미에서 좀 더 포괄적으로 생각해보고자 한다. 그래서 정전을 두 가지 한자어로 생각해 봤다. 하나는 '正傳'이고, 그 다음은 '正典'이다.

사전에 따르면 정전正傳은 '바른 전통, 바르게 전하여 오는 전기'를, 정전正典은 '종교에서 신자들이 믿고 따를 수 있는 기준에서 확립되고 권위를 가지는 문서'를 가리킨다. 이번 글과 관련해 두 뜻을 통합하여 생각해 보면, 정전이라는 것은 시대를 초월해 독자들이 신뢰하며 읽을 수 있는 문서나 책을 의미한다.

정전에 대해 숙고하고 있자니 '메커니즘'이라는 용어가 머릿속에 맴돌았다. 일단 '메커니즘'이라는 용어가 떠오르기는 했는데 철학이나 물리학 쪽으로는 워낙 과문한 탓에 사전 등을 살펴보며 나름대로 이해한 것을 옮기면, 메커니즘은 모든 현상에서 발생하는 원인과 결과를 역학적 인과관계로 해명할 수 있는 작용 원리를 말한다. 좀 더 들어가면 메커니즘은 '기계론'이라고도 하는 데, 날씨나 지형, 그리고 생명에 관련되어 발생하는 여러 자연현상에 대하여 마음이나 정신, 의지 및 영혼 등의 개념을 적용하지 않고 모든 현상에서 발생하는 원인과 결과를 역학적 인과관계로 해명할 수 있는 작용 원리를 말한단다. 역학적 인과관계란 부분을 좀 더 풀어보면, 우선 역학은 물체나 기계의 운동, 그 운동을 일으키는 힘이나 상호 작용을 고찰하는 학문으로 사회집단이나 개인 사이에서 벌어지는 힘의 관계를 가리킨다고 한다. 그리고 이어서 인과관계다. 우리도 잘 알다시피 어떠한 결과가 일어나기에는 명쾌한 한 가지 원인이 아닌 여러 복합적인 원인이 작용하고 있다.

이처럼 한 편의 정전이 탄생하기까지에는 작가의 의지만으로도, 출판사나 당대 힘을 형성하고 있는 주류의 파워만으로도, 물론 영적인 힘만으로도, 또는 작가 정신만으로도 어느 한 가지만의 힘으로는 이루어지지 않는 '메커니즘'이 작용하고 있는 것은 아닐까. 시대, 작가, 작품, 독자, 출판사 등등의 여러 역동적인 힘의 원리가 씨실과 날실처럼 상호 작용하여 '정전'이 탄생하는 것은 아닐까. 이 글은 이러한 의문에서 시작되어 그 의문에 대해 나름대로 접근해보고자 시도되었다.

2. 이와야 사자나미의 『코가네마루』의 경우

『코가네마루 こがね丸』는 일본 근대 아동문학에 지대한 공헌을 한 이와야 사자나미巖谷小波의 작품이다. 결론부터 말하면 이 작품은 정전이 되지 못했다. 하지만 『코가네마루』가 출판된 시대에는 이 작품을 정전의 지위에 놓는 것에 대해 의심의 여지가 없었다.

이와야 사자나미는 메이지유신 때 귀족원 의원을 지낸 고관의 자제로, 교양 있고 똑똑하고 외국어에 능통하며 용모 수려하고 매력적인 젊은 문필가였다. 거기다 소설가이자 편집자이자 잡지의 주간으로서 당시 가장 영향력 있던 하꾸붕깐博文館 출판사와 36년간 긴밀한 관계를 유지하며 메이지시대(1868~1912) 독자들을 사로잡는 데 주력하였다. 이미 18세 때 오자끼 코오요오尾崎紅葉, 야마다 비묘山田美妙 등 당대 일본에서 가장 주목받은 신진 작가들이 결성한 일본 최초의 문학 결사結社 켄유우샤硯友社, '영원한 친구'라는 뜻에 참여하기도 했다. 이와야 사자나미의 거의 모든 소설에는 소년소녀가 등장하였는데, 이러한 사자나미가 소설이 아닌 아동문학에서 그 이름을 널리 알리는 계기가 된 작품이 바로 『코가네마루』이다.

이 작품은 '코가네마루'라는 개가 부모의 원수인 호랑이를 물리치기까지의 모험을 그린 복수담인데, 그 의의를 알려면 먼저 이 작품이 등장한 시대에 대해 살펴볼 필요가 있다. 1868년 메이지시대가 열리고 그로부터 20여 년간 일본은 서구 선진국의 문화와 문물에 경도되어, 그것을 무조건적으로 수용하고 모방하였다. 그 시기에 대한 반발로 다시 '일본으로의 회귀'가 드높여지던 시기인 1891년에 『코가네마루』가 발표된 것이다.

『코가네마루』는 하꾸붕깐에서 나온 '소년문학 총서'(전 32권)의 제1권으로 출간되었다. 당시 평론가들은 잘나가는 청년 문필가가 어린이를 대상으로 문학작품을 써낸 것은 반겼지만, 총서에 포함된 다른 책에 비해 봉건주의 시대로 회귀 또는 퇴행하는 듯한 단순한 복수담, 뻔한 모험과 결말로 그 내용면에서는 봉건시대의 복수극에 지나지 않는다는 비판을 받기도 했다. 하지만 오히려 그러한 내용이 당시 독자들을 사로잡아, 총서 중에서도 가장 많은 독자의 호응을 얻었다. 게다가 눈에 띄게 고급스럽고 아름다운 표지에다 고풍스런 문체 덕분에 어린이뿐만 아니라 부모 독자들에게도 사랑을 받았다.

이처럼 이 작품은 어린이를 문학작품의 개별 독자로서 새롭게 발굴한 공적이 있다. 그러나 한편으로는 당대 현실의 논리를 추종하고 독자의 수준이나 요구에 안주한 작품이라 볼 수 있겠다. 따라서 당대 독자를 획득하는 데는 성공했지만 그 시대의 한계를 벗어나지 못했다. 당대에 갇혔다는 것은 달리 말하면 그 시대를 너무 의식하고 민감하게 반응한 결과로도 볼 수 있다. 같은 시기에 회자된 옛이야기 중에 일본의 도깨비 '오니'를 정벌하는 「모모따로오 桃太郎」가 그러하듯, 작은 개가 큰 호랑이를 물리치는 이 모험담에서는 어쩐지 당시 일본에 만연한 '정벌'의 분위기가 묻어난다.

『코가네마루』는 이와 같이 작가의 화려한 이력과 필력, 시대의 요구, 독자의 호응, 출판사의 힘, 멋진 장정 등 여러 요소가 작용하여 그 나름의 '정전'이 될 결과를 유출할 뻔했다. 하지만 이러한 요소들은 어디까지나 요소들에 지나지 않아 결과를 유출할 만한 원인으로 상호 작용이 일어나거나, 역동적인 힘의 원리가 내재해 그 힘으로 시대를 초월해 뻗어나가는 힘으로까지는 작동되지 못했다. 물론 거기에는 '작가 정신', '작품성'의 부재를 가장 큰 원인으로 칠 수 있겠다.

3. 같은 시기를 향유한 오가와 미메이와 미야자와 켄지의 경우

이와야 사자나미의 경우처럼 작품보다는 작가의 이름이 먼저 호출되는 경우를 그 다음 시기인 타이쇼오시대(1912~1926)에 활약한 오가와 미메이小川未明의 경우에서도 볼 수 있다. 오가와 미메이는 시적이고 상징적인 단편동화가 주류를 이루던 타이쇼오기 전후에 활약한 작가로, 그가 쓴 동화만도 1,000편이 넘는다고 한다. 그 또한 이와야 사자나미처럼 소설가로 출발한 뒤 아동문학에 들어섰는데, 1926년에는 신문 등 공식 지면을 통해 소설 쓰기를 그만두고 동화 창작에만 전념한다는 '동화 작가 선언'을 할 정도로 동화에 대한 열정과 애착이 남달랐다. 하지만 아이러니하게도 그의 대표작은 '동화 작가 선언' 이전에 쓰여진 작품들이다.

오가와 미메이는 타이쇼오기 전후 문단에 큰 힘을 발휘한 와세다대학 출신이다. 사회주의 사상이 한창일 때는 그러한 조류를 반영한 작품을, 전쟁이 심화된 때는 전쟁 협력을 권장하는 글을, 1945년 패전 이후에는 한껏 드높아진 민주주의를 지향하는 작품을 남기는 등, 변화하는 시대의 흐름에 민감하게 반응하며 "항상 시대의 바람을 정면으로 받은 작가"[1]였다. 그의 작품은 상징성과 환상성이 풍부하며, 특히나 어두운 감성에서 비롯된 묘한 매력이 특징이다. 일본 창작동

---

1 사또우 모또꼬(佐藤宗子), 「'빨간 양초와 인어' 오가와 미메이('赤い蝋燭と人魚' 小川未明)」, 토리고에 신(鳥越信) 편저, 『처음 배우는 일본아동문학사(はじめて学ぶ 日本兒童文學史)』, ミネルヴァ書房, 2001, p.137.

화의 효시로 손꼽히는 그의 대표작 「빨간 양초와 인어 赤い蠟燭と人魚」(1921) 또한 이러한 특징을 갖추었는데, 이 작품의 매력에 대해 아동문학평론가 사또오 모또꼬佐藤宗子가 "신비로운 느낌을 느끼게 하는 낭만적 작풍으로, 인어 어머니 내지는 신이 분노하는 발현에도 압도"[2]당한다고 말한 것처럼, 그는 응집된 에너지를 작품 속에 분출하는 것으로 손꼽혔다. 이러한 오가와 미메이의 어두운 감성은, 비록 일부이기는 하지만 현대의 독자들까지도 사로잡는다. 이와야 사자나미의 『코가네마루』가 시대성을 극복하지 못한 게 한계로 지적된 데 반해 오가와 미메이 작품의 감성은 시대를 뛰어넘어 현대 독자들의 감성을 움직였다는 점에서 한 발 나아갔다고 볼 수 있다.

오가와 미메이의 작품이 정전화되는 과정에는 이와야 사자나미의 경우와 마찬가지로 여러 요인이 작용한다. 당시 영향력 있던 와세다대학 출신에다 아동문단의 주류 단체에 소속된 점, '동화'라는 새로운 장르를 개척하고 이끌어 나간 점, 독특한 작품성과 작가 정신을 구현한 점, 게다가 이전과는 전혀 다른 흐름이 전개되던 타이쇼오시대 현실 등이 절묘하게 어우러져 오가와 미메이를 완성시킨 것이다.

「빨간 양초와 인어」는 북쪽 바다에 사는 임신한 인어가 인간 마을에 아이를 낳아 버리고 바다로 돌아가는 장면으로 시작된다. 앞으로 태어나는 아이에게는 쓸쓸하고 슬픈 인어의 삶 대신 인간의 삶을 살게 해 주리라, 그러기 위해 인정 넘치는 인간들에게 아이들을 맡기리라 결심한 것이다. 그 인어 아이는 동네 신사神社 아래에서 양초를

---

2 같은 책, p.138.

만들어 파는 마음씨 좋은 노부부가 거두어 기르게 되는데, 아이가 커가면서 양초에 신기한 바다 속 풍경을 그리고 그 양초의 신비한 효험이 드러나면서 노부부의 양초 가게는 큰 소문으로 퍼지게 된다. 그러던 어느 날 소식을 듣고 나타난 장사꾼이 거금을 주며 인어를 팔아넘기라고 현혹하고, 노부부는 결국 유혹에 넘어가고 만다. 이 이야기는 시종 인간의 '부정'의 요소, '어둠'과 '욕망'을 진지하게 드러내며 비극적 결말로 치달아, 무서운 귀신 이야기 같은 느낌이 들 정도이다. 한 번 읽기 시작하면 끝까지 다 읽게 하는 흡인력이 있는 작품으로, 지금도 오가와 미메이 동화집이나 선집에 반드시 들어가며, 교과서에도 게재되고 그림책으로도 나와 나이 어린 아이들에게까지 읽히고 있다.

이처럼 이와야 사자나미에 비해 작가정신의 구현, 시대를 초월한 생명력에서 진일보하였다 하더라도, 이 작품을 '정전'이라고 부르는 것에는 왠지 망설이게 된다. 이것은 필자만의 생각이 아니라 일본 아동문학사의 전개 과정에서 「빨간 양초와 인어」에 대해 평가하는 부분에서도 드러난다. 여기에서 바로 정전화 과정의 메커니즘이 발생하는데, 이 점은 미야자와 켄지宮澤賢治의 경우와 비교해 보면서 좀 더 구체적으로 살펴보자.

타이쇼오기는 1914년 제1차 세계 대전 이후 군수경기의 활성화에 따라 금융 자본을 중심으로 호경기를 이루면서 자본주의가 급격하게 발전한 시기이다. 외국과의 활발한 문화 교류로 민주주의 사상이 유입되고, 문화·교육의 각 분야에 자유로운 바람이 일어난 한편 급격한 경제 호황으로 인해 갑작스럽게 부를 획득하는 이가 늘어나면서 배금사상이 팽배해지고 인간성을 상실하는 시기이기도 했다. 이러한 때에 오가와 미메이가 주류 문단에서 활동하며 그 시대를 상징하는 작품으로 주목받았다면, 비주류에서는 미야자와 켄지가 등장하게 된다.

미야자와 켄지는 1918년경부터 동화 창작을 시작했다고 알려져 있다. 그가 동화, 동요 등 어린이를 위한 문학이 새로운 개화기를 맞이한 타이쇼오시대의 영향을 받았으리라는 것은 확실하다. 그는 생전에 시집 한 권과 동화집을 자비 출판하였으나 당시 일부 시인들을 빼고는 아동문학 평단에서조차 별다른 주목이나 평가를 받지 못했다.

미야자와 켄지의 첫 동화집『주문이 많은 음식점 注文の多い料理店』이 간행된 것은 1924년이지만 초판본에 나온 날짜는 1921년 11월 10일이다. 오가와 미메이의 「빨간 양초와 인어」가 출판된 것이 1921년이니 둘은 같은 시기의 작품이라고 볼 수 있겠다.

미야자와 켄지 첫 동화집의 표제작 「주문이 많은 음식점」은 영국 군인 차림을 하고 총을 멘 두 명의 젊은 신사가 백곰 같은 두 마리의 개를 앞세우고 깊은 산 속으로 들어서는 장면으로 이야기가 시작된다. 산 속 깊이 들어서면서 안내인은 어디론가 사라지고, 개들은 거품을 물고 쓰러지며, 찬바람이 몰아치는 등 범상치 않은 일이 연거푸 일어난다. 주린 배를 채우려 했던 두 신사에게 이어지는 '주문'과 반전의 반전을 거듭하는 이야기가 흥미진진하게 펼쳐진다.

「주문이 많은 음식점」은 오가와 미메이의 「빨간 양초와 인어」와 견주어 볼 때 더욱 흥미롭다. 「빨간 양초와 인어」에서 노부부가 아무런 복선이나 전제 없이 너무나 급작스럽게 돈에 눈이 먼 욕망의 화신으로 변화하는 등 캐릭터의 일관성이나 이야기의 개연성이 부족한 데 비해, 「주문이 많은 음식점」의 두 젊은 신사는 옷차림, 말투에서 부터 그들이 얼마나 서구 문물을 맹종하고, 돈만 알고, 지극히 가볍고, 겁쟁이인지를 드러낸다. 작품은 재치와 농담과 비틀기와 말놀이와 반전으로 세태를 풍자한다. 결말에 이를수록 오가와 미메이의 작품은 두려움과 저주와 어두운 감성이 심화되어 가는데 반해, 미야자와 켄지의 작품에서는 유쾌함과 통쾌함이 배가된다. 두 작품 모두 당시의 시대상을 반영하여 배금사상에 대한 비판을 담았으나 표현 형식에 있어서는 두 작가의 전혀 다른 특징을 여실히 드러낸다.

앞서 언급했듯이 생전에 오가와 미메이는 동화의 거봉으로 추앙받았고, 미야자와 켄지는 전혀 알려지지 않은 작가였다. 하지만 그들의 작품이 나온 뒤 40여 년이 지난 1960년대, 이들의 작품은 커다란 반전을 맞이하게 되는데 그 전기가 되는 것이 『어린이와 문학 子ども と文學』이란 저서이다.

『어린이와 문학』은 당시 현대 아동문학의 새로운 기운을 받은 30~40대의 젊은 작가, 편집자, 사서 등 6명의 아동문학자들이 모여서 토론하고 공부한 결과를 엮은 것으로, 이들은 이후 일본 아동문학의 최전선에서 크게 활약하며 새로운 주류를 형성했을 뿐만 아니라 지금까지도 그 영향력을 행사하고 있다. 『어린이와 문학』은 오가와 미메이의 「빨간 양초와 인어」가 말로 다할 수 없을 만큼 오묘한 분위기를 담은 환상적인 이야기라는 점은 인정하면서도, 독자를 설득할 만한 리얼리티의 부재, '자본주의 악'으로 상징된 노부부에 대한 불안정한 묘사 등을 이유로 이 작품이 상징적인 작품이라고 평가하는 데

회의를 갖게 되었다고 밝혔다. 그러면서 오가와 미메이에 대해 이렇게 비판했다.

오가와 미메이가 그때까지 계속해서 발표한 난해한 '동화'가 동심에 호소하는 '고급문학'으로써 왜 이 세상의 어른들이나 문학청년들이나 당시의 감상적인 문학지망생 소년들에게 환영받았는지, 그 비밀이 이제 분명히 밝혀졌습니다. 그 비밀은 바로 어린이를 상대로 하지 않는 태도, 이야기의 논리성이나 재미의 부족, 감상성 넘치는 시적인 말의 범람에 있습니다. 미메이의 '동화 작가 선언'은 이러한 상황에 더 박차를 가하며, 살아 있는 그 자체의 아이보다 작가와 어린이의 '동심'에 기초한 '동화=시'라는 형태의 문학이 일본 근대 동화의 주류가 되는 데 결정적인 역할을 하게 되었습니다.

(…) 일본의 근대 동화는 한 작가의 '동심'이라는 격렬한 열정에 의해 성립되어 살아 있는 어린이는 그 세계로 들어가는 것을 허용하지 못했습니다. 작가는 아이들을 향해서라기보다는 이 세상의 '나쁜 어른'들을 향해 아이들의 불행을 호소했던 것입니다.

(…) 어린이를 위한 좋은 문학에서는 '동심'이라고 하는 철학적인 어려운 관념을 숭상하기보다는 작가적 통찰력으로 어린이의 공상력, 바깥세상에 대해 알고자 하는 어린이들의 멈추지 않는 에너지와 서로 교류하는 것이 훨씬 중요합니다.

(…) 작가가 살아 있는 어린이가 아닌 '동심' 속에 자신도, 바깥세계마저도 포함시켜 버리는 것의 패착을 우리들은 오가와 미메이를 통해 보았습니다. 우리는 이 독특한 예술가가 일본 근대 동화의 개척

기에 빛나던 별이었음을 결코 부정하지는 않습니다. 단, 이 빛나는 별이 빠져든 길을 일본 아동문학이 앞으로 두 번 다시는 가지 않았으면 하는 것이, 오가와 미메이의 특별한 재능이나 그의 열정 넘치는 '정의감'을 아끼고 사랑하는 우리의 절실한 바람입니다.[3]

오가와 미메이 이후 새로운 시대가 열리면서 새로운 인물, 지식에 의한 새로운 흐름이 생겨났고, 그 흐름에 의해 일본 아동문학의 정전이 논의되는 과정에서 그때까지 정전이라고 여겨 왔던 오가와 미메이의 작품에 대한 새로운 평가, 반전이라고 하는 역동적인 움직임이 일어난 것이다.

정전화 과정에서 '굴절' 또는 '반전'을 겪은 오가와 미메이와 달리 미야자와 켄지는 '발굴' '재조명' '새로운 가치 인식' 등으로 설명할 수 있겠다. 그동안 묻혀 있는 보물을 발굴하듯 미야자와 켄지의 작품은 누구나가 믿고 인정하는 정전화 과정을 거치게 된다. 『어린이와 문학』에서 미야자와 켄지에 대해서 평가한 부분을 인용해 본다.

미야자와 켄지는 지금까지 살펴본 작가와는 전혀 다른 유형의 작가입니다. 생전에는 발표한 작품이 거의 인정을 못 받았다가 사후 30여 년이 지난 오늘날 빛나는 평가를 받게 되었습니다. 왜 생전에 인정을 못 받았는가 하면, 그가 농학자로서 지방에만 머물러 지내며

3   이시이 모모꼬(石井桃子) 외, 『어린이와 문학(子どもと文學)』, 中央公論社, 1960, pp.10~38. 번역 인용자.

중앙 문단과는 별다른 교류를 하지 않았기 때문이지요. 그러한 사람의 문학이 시간이 지난 오늘날 애독되고 있다는 사실에는 아동 문학에 대해 생각할 때 놓치지 말아야 할 아주 중요한 문제가 담겨 있습니다. 그것은 이렇습니다. 독자인 아이들에게는 작가의 이름도, 당대 문단의 일시적인 잣대도 문제가 되지 않고 어디까지나 작품의 재미, 즐거움만이 관심의 대상이 되며 그렇게 남겨진 자산은 성인 문학에서보다 더욱더 길고 소중하게 여겨진다는 점입니다.

(…) 결론을 먼저 말하면 미야자와 켄지 작품은 아주 어린 아이들에게도 쉽게 이해되는 문학이며 또한 실제로 작가가 많은 작품을 어린이를 위해서 썼을 것이라고 생각됩니다. 미야자와 켄지, 그 사람의 삶의 이념이나 작품에 담겨 있는 문제(호소하고자 하는 주제)에는 분명 어린이들이 이해하기 힘든 철학상의 사유가 들어있기는 하지만, 이 점은 아이들이 읽는 여러 나라의 신화나 『이상한 나라의 앨리스』에서도 동일하게 지적되겠지요. 우리들은 미야자와 켄지의 아주 많은 작품이 올바른 의미에서 어린이를 위한 문학이며, 그것이 어른마저 읽는 재미를 줄 수 있었다고 믿고 있습니다. 그리고 그의 문학은 일본에서 드문 판타지이며, 그중에서도 지극히 예를 찾아볼 수 없는 독특한 것이었다고 생각합니다.[4]

『어린이와 문학』에 관여한 아동문학자들이 오가와 미메이의 작품이 걸어온 길을 일본 아동문학문학이 두 번 다시 반복하지는 말았으

---

4 같은 책, pp.97~131. 번역 인용자.

면 하고 당부하는 한편, 미야자와 켄지의 작품은 문화 자산으로서 오랫동안 남기를 믿고 바라고 있음을 알 수 있다. 시대의 흐름과 더불어 새롭게 작용하는 메커니즘 속에서 일본 아동문학의 정전화 과정을 들여다보았을 때, 아무래도 오가와 미메이의 작품보다는 미야자와 켄지의 작품이 '정전'에 가깝다고 볼 수 있겠다.

한편 재단법인 오오사까국제아동문학관에서는 2004년에 전쟁 전후 두 시기로 나누어 각 시기별로 '일본 어린이책 100선'을 뽑아 발표하였는데, 거기에 오가와 미메이의 「빨간 양초와 인어」를 이렇게 소개했다. "인어의 분노가 인간 사회를 멸망시키는 환상적인 이 작품은 1960년대 초에 동화 전통 비판의 흐름 속에서 안데르센의 「인어 공주」와 비교되며 부조리하고 상상력의 넓이가 없는 미메이 동화의 전형으로서 혹독한 비판의 대상이 되었다. 하지만 1960년대 후반부터 1970년에 걸쳐 다시 재평가 과정을 거치며 오늘날에도 읽히는 작품이 되고 있다."[5] 이것을 보면 『어린이와 문학』 이후 10여 년 뒤 오가와 미메이의 작품을 평가하는 또 다른 메커니즘이 작용했음을 알 수 있다. 오가와 미메이의 작품만큼 그 정전화 과정에서 우여곡절을 거친 작품도 흔치 않을 것이다.

---

5 하따께야마 쪼오꼬(畠山兆子), 「빨간 양초와 인어(赤い蝋燭と人魚)」, 『日本の子どもの本100選 (1868~1945)』, 財団法人大阪国際児童文学館ホームページ、 http://www.iiclo.or.jp/100books/1868/htm/frame007.htm

4. 판타지 문학의 정전 『아무도 모르는 작은 나라』의 경우

지금까지 살펴본 이와야 사자나미나 오가와 미메이 그리고 미야자와 켄지까지 모두 근대 아동문학을 대표하는 작가로 볼 수 있다.

이후, 현대 아동문학의 시작을 알린 작품으로는 사또오 사또루佐藤さとる의 장편 판타지 『아무도 모르는 작은 나라 だれも知らない小さな國』(1959)를 들 수 있다. 앞서 살펴본 작품들과 마찬가지로, 이 작품이 일본 현대 아동문학의 정전으로 떠오르기까지는 여러 요소가 작용하는 데 그중에서도 역시 시대의 변화가 주효하겠다.

이 작품이 등장한 1950년대는 6·25 한국전쟁 군수 특수로 일본은 1945년 패전 이후의 폐허와 곤궁에서 벗어나는 호기를 맞게 된다. 아동문학계에서는 일본의 군국주의가 한창일 때 어린 시절을 향유한 세대가 청년으로 성장하며, 동인지 등을 통해 아동문학에 새로운 물결을 일으키던 시기이기도 하다. 한편 출판계에서는 서구의 장편 명작 아동문학이 활발하게 번역된 때이기도 하다. 이 시기의 젊은이들은 기존 사회에 대한 반발, 사회 변혁과 새로움에 대한 추구와 모색을 열망하게 되는데, 아동문학계에서는 이러한 새로운 모색의 일환으로 장편을 통한 산문성의 획득, 구체적인 장르로써 판타지를 요망하게 된다. 그러한 기운에 부응한 작품이 바로 사또오 사또루의 『아무도 모르는 작은 나라』이다. 이 작품은 현대 일본 아동문학의 기념비적 작품이라고 불리게 되고,[6] 이 작품 등장 이후로 일본에서는 '판타

---

6 우에노 료(上野瞭), 『전후아동문학론(戰後児童文学論)』, 理論社, 1967. 이 책에서 오에노 료는

지'라는 새로운 장르가 틀을 잡고 활기를 띠게 되는데, 경제가 고도경제성장으로 접어들며 60년 전후로 경제적인 여유가 생김에 따라 아이들에게 투자하는 경비가 증대되면서 아동도서 출판이 활기를 띠고 장편 아동문학이 비약적으로 간행된다.[7]

그리고 미야자와 켄지의 동화집과 마찬가지로 사또우 사또루의 『아무도 모르는 작은 나라』 또한 작가 본인에 의해 자비 출판된 점을 주목해야 할 것 같다. 이후 1959년(자비 출판된 같은 해)에 코오단샤講談社에서 다시 출판되었다. 사또오 사또루는 당대 창작의 주된 흐름에서 벗어나 새로운 흐름을 개척하고 그로써 아동 문단 전체에 새 기운을 불러일으키며 큰 파장을 일으켰는데, 특히나 이것이 출판사나 문단의 힘을 빌리지 않고 작가 본인의 역동적인 힘, 내재된 정열, 응축된 에너지를 원동력 삼았다는 점에서 그 의의가 더욱 깊다.

이 시기에 활약하는 작가들 중 대부분은 청소년 시절 전쟁을 겪고 굴절과 전복이 일어난 부조리한 시대를 경험한 세대이기도 하다. 이러한 시대 배경이 있어서인지 『아무도 모르는 작은 나라』는 상실 및 상처 그리고 그 치유와 회복에 대한 이야기로도 볼 수 있다. 『아무도 모르는 작은 나라』의 주인공 청년은 패전을 맞은 해에 그동안 쭉 잊고 있었던 어린 시절을 향유했던 작은 산을 떠올린다. 강점기 때 일방

사또오 사또루의 '코로봇꾸루이야기' 시리즈를 가리켜 '전후아동문학의 기념비적' 작품으로 평가하고 있다.

7 징구 테루오(神宮輝夫), 『현대아동문학작가 대담(現代児童文学作家対談)1 佐藤さとる·竹崎有斐·筒井敬介』, 偕成社, 1988. 10; 미야까와 타께오(宮川健郎), 『현대아동문학이 들려주는 것(現代児童文学の語るもの)』, 日本放送出版協会, 1996. 9. 20을 일부 참고함.

적인 정의와 대의명분을 내세우며 타국을 강제 점령했던 일본이 실은 자국 국민 개개인의 내면을 침해하고, 존엄성을 짓밟고, 결국은 바람직한 가치관을 상실하게 만든 것을 이 청년의 선택을 통해서 살펴볼 수 있다. 즉 한창 사회와 소통하고 관계해야 할 시기에 주인공 청년은 어린 시절 즐겁게 보낸 작고 작은 산을 떠올려 어찌 보면 그곳으로 퇴행할 수밖에 없는 선택을 하고 있는 것이다. 그리고 이 청년은 소인들과의 관계를 통해 자신의 상처를 치유하고 회복해간다.

하지만 사또우 사또루의 『아무도 모르는 작은 나라』 또한 오가와 미메이만큼은 아닐지라도 비평가들의 비판을 받게 된다. 이 작품은 제목에서도 알 수 있는 것처럼, 주인공이 '코로봇꾸루コロボックル'라는 소인들과의 만남을 통해 그들만의 신성한 작은 산을 확보하고 외부 세계나 인간과의 소통을 배제한 탓으로 내향적이라는 한계를 지적받았다.

5. 일본 아동문학에 '정전'은 있는가?

현대에 들어서도 일본 아동문학에서 정전으로 꼽을 만한 작품은 계속 나오고 있다. 나까가와 리에꼬中川李枝子 글, 야마와끼 유리꼬山脇百合子 그림의 『구리와 구라 ぐりとぐら』(1967)는 그림책의 정전이라 손꼽힐 만하고, 리얼리즘 아동문학 중에서는 하이따니 켄지로오灰谷健次郎의 『토끼의 눈 兎の眼』(1974, 한국어판 『나는 선생님이 좋아요』) 등을 정전으로 꼽을 수 있겠다. 하이따니 켄지로오의 작품 또한 시대의 요구와

함께 여러 요인들이 절묘하게 맞물리며 1970~80년대에 정전으로 떠오른 대표적인 작품인데, 이 또한 오가와 미메이의 작품이 그러했듯이 시대의 변화와 더불어 굴절을 경험하게 된다. 역시 이들 작품이 정전화되는 과정에도 각각의 메커니즘이 작용하고 있음은 두말할 필요도 없겠다.

이렇게 살펴보니, 아동문학이 시작된 이래, 새로운 시대가 시작되는 과도기마다 새로운 장르를 부각 또는 개척하는 작품이 등장했고, 그것이 정전이냐 아니냐를 두고 논의가 이어져 온 듯하다. 1990년대에 들어서면서 약진한 청소년문학, 판타지 분야에서도 정전으로 부를 만한 작품이 이제 등장할 때도 되었다는 생각이 든다. 하지만 1990년 이후에 새로운 정전이라 불릴 만한 작품은 아직은 '없다'고 볼 수 있다.

서두에서 정전에 대한 사전적인 의미를 살펴보며 독자들의 꾸준한 신뢰 속에서 오랫동안 읽혀 온 작품을 '정전'으로 이해한다고 밝힌 바 있다. 지금까지 일본 아동문학에서의 정전화 과정을 살피며 시대, 작가, 작품, 문단과 출판 상황, 비평, 독자 반응 등 여러 원인을 적용하며 그 메커니즘을 유추한 결과 일본에서의 아동문학의 정전은 '있다'고 말할 수 있겠다. 다만 그 대상은 작가 탄생 115년이 지난 오늘날에도 여전히 다양한 연령의 독자에게 고르게 사랑받고 끊임없이 새로운 해석을 이끌어내는 미야자와 켄지 작품만으로 한정해야만 할 것 같다.

변화하는 시대 속에서 어느 작품이 정전으로 떠오를지, 또는 사라지게 될지 유추는 가능할지언정 '바로 이거다'라고 확신할 수는 없다. 다만 한 가지 확실한 것은 진정한 작품은 '살아 있다'는 사실일 것이다.

(참고문헌은 각주로 대신함)

「조선어독본」 문학텍스트의 이데올로기와 미의식 연구

유용태_단국대학교 동양학연구원 연구원

1. 서론

한국은 1894년 갑오경장을 통하여 최초의 근대식 교육으로 전환하였다.[1] 그러나 한국은 근대적 제도로서 공교육을 안착시키기도 전에, 1905년 을사늑약으로 일본의 보호국이 되면서 통감정치가 시작되었고, 그 과정에서 갑오경장을 통한 교육개혁은 그 동력을 상실한다.[2] 한국은 1910년 한일강제병합으로 인하여 국권을 빼앗기고 식민지 상태가 되어 주체적으로 교육제도를 이룩하지 못하였고 일제에 의해 1911년 8월 「조선교육령」이 발포되고 근대의 공교육이 시작되었다. 1910년대의 공교육제도인 보통학교는 '간이실용'을 표방한 4년제 학교였는데 피교육자인 한국인에게 호응을 얻지 못하여 제도적으로 안착되지 못한 현상을 보인다.[3] 그러나 1920년대에 들어서면 보통학

---

1 1894년 갑오경장 이후 학무아문에서는 소학교와 사범학교의 설립을 추진하나 여기서 추진한 소학교는 국민양성을 위해 보통교육을 실시하는 곳으로 인식하지는 않았다. 학무아문에서 추진했던 신교육은 국문·국사와 실용적인 교과목을 새로운 교육내용으로 도입하면서, 교육목적은 덕을 갖춘 인재의 양성이라는 유교교육의 목적을 그대로 유지하고 있었다. 그러나 1895년 발표한 「홍범14조」와 「교육에 관한 조칙」은 학무아문의 「고시문」과 교육인식의 차이를 보인다. 학무아문에 의해 설치될 학교의 교육내용은 과거와는 획기적으로 다른 것으로 이른바 시무학으로 구성되어 있었다. 국문에도 중요한 변화가 일어나는데 「공문식」 제14조에 "법률칙령은 모두 국문을 본으로 하고 한문은 부역하며 혹 국한문을 혼용한다."고 하여 한글이 국문으로써 본의 위치에 오르게 되었다. 이와는 대조적으로 「교육에 관한 조칙」에는 인민에 대한 국민교육의 사상이 나타나 있으면서 인재 양성 중심의 교육인식 또한 지속되고 있다(김경미, 『한국 근대교육의 형성』, 혜안, 2009, pp.108~134).

2 일제는 1906년 8월 「보통학교령」을 통하여 기존의 관립 소학교와 사립학교를 식민 교육 기관인 보통학교로 전환시켰다.

3 1910년대 보통학교 취학률은 극히 저조하였다. 전체인구 대비 보통학교 취학률은 약 2~3% 대였다. 취학연령 대비 취학률로 환산하면 약 10~20%였을 것으로 추정된다. 조선총독부 『통계연보』에 의하면 1910년대 보통학교 한국인 학생 수는 1911년 32,384명(전체인구 13,832,376명), 1912년 43,562명(14,566,783명), 1913년 49,323명(15,169,923명), 1914년 53,019명

교는 한국인의 호응을 받아 취학률이 지속적으로 높아지며 제도적으로 안착된다. 교육제도의 사회적 완성은 일제강점기에 이르러서야 가능했으며 이러한 교육제도에서 사용된 글과 문학에 대한 텍스트는 일제강점기의 「조선어독본」[4]이다.

일제에 의해 행해진 식민지 공교육은 근대 국가의 충실한 국민을 양성하기 위한 교육을 표방하고 있으나 사실 식민지 운용에 필요한 실무자 양성에 초점이 놓여 있었다. 공교육에 사용된 「조선어독본」은 실용적인 기초지식을 위한 텍스트로서 여러 가지 글들이 섞여있는 혼정적인 텍스트이며 문학보다는 실무에 초점이 맞춰져 있다. 공교육의 수업자료인 「조선어독본」은 피교육자에게 근대적 글에 대한 포괄적인 기준을 제시하는 기초교본이었다. 이러한 이유로 「조선어독본」의 연구는 문학적 방법을 통해 이루어진 것보다 근대의 교육학적 입장에서 접근한 것이 많은 편이다.

「조선어독본」은 기본적으로 공인된 텍스트로 근대 정전의 기능을 가지고 있다. 「조선어독본」을 통해 근대의 공교육을 받은 피교육자는 「조선어독본」이 제시하는 다양한 양식의 글들을 수용할 수밖에 없었다. 「조선어독본」에서 제시하는 문학텍스트는 피교육자에게 공교육에서 최초로 제시되는 문학이었으며 교육당국이 정해놓은 문

(15,957,630명)이며 학생 수는 점차 증가하여 1919년에는 80,632명이었으며 1920년대는 1922년을 기점으로 폭발적인 증가추세를 보인다. 1922년에는 237,949명, 1923년에는 305,864명이며 1938년 이후에는 100만 명이 넘는다.

4 「조선어독본」의 종류는 「普通學校朝鮮語讀本」, 「普通學校朝鮮語及漢文讀本」, 「中等教育朝鮮語讀本」, 「中等教育朝鮮語及漢文讀本」, 「高等教育朝鮮語讀本」, 「高等教育朝鮮語及漢文讀本」이 있으나 교과서라는 점에서 「조선어독본」으로 통칭한다.

학의 기준과 이데올로기를 피교육자에게 강제하는 기제였다.

「조선어독본」의 텍스트는 지속과 반복을 통해 확대·재생산을 하고 있다. 즉 일제의 공교육 초기에 사용된 「조선어독본」의 텍스트들이 재수록되어 일제 후반기까지 이어지고 있는 현상을 볼 수 있다. 또한 이는 정전의 관여성으로 볼 수 있는데 기존의 텍스트들이 일종의 검증을 거친 것으로 별다른 저항없이 재수록되고 이러한 과정을 거침으로써 보다 '완벽한', '우수한'의 공인을 획득하는 것이다. 「조선어독본」은 해방이후에 전개된 국어과 교과서 편찬에 있어서 그 내용이 크게 거부되지 않고 수용되었으며[5] 「조선어독본」이 지닌 교육 이데올로기는 해방이후는 물론 현재에도 영향력을 일부분 행사하고 있다.

근대 교육에서 사용된 「조선어독본」은 일제의 이데올로기가 포함되어 있으며 「조선어독본」에 대하여 심층적 연구를 한다는 의미는 다분히 텍스트에 내재하고 있는 이데올로기를 연구한다는 의미에 가깝다.[6] 「조선어독본」은 조선총독부 학무국에서 편찬하여, 지배권력의 이데올로기를 충실히 실행하는 기능을 지니고 있었기 때문이다.[7]

---

5 허재영, 『일제강점기 교과서 정책과 조선어과 교과서』, 경진, 2009, p.175.

6 박선영, 「'조선어과 교과서' 수록 詩歌의 식민 이데올로기」, 『한국시학연구』 제29호, 한국시학회, 2010; 강진호, 「'조선어독본'과 일제의 문화정치」, 『상허학보』 제29집, 상허학회, 2010; 김혜정, 「일제 강점기 '조선어 교육'의 의도와 성격」, 『어문연구』 통권119호, 2003 등이 대표적인 연구들이다. 이외에 교육정책과 관련하여 교육대학원의 논문과 역사학 관련 연구논문들이 있다. 이의 연구는 장신, 「조선총독부 학무국 편집과 교과서 편찬」, 『역사문제연구』 제16호, 역사문제연구소, 2006; 박승관, 「日帝强占期 3차 조선교육령(1938년도)의 시행과 성격」, 국민대 석사논문, 2008 등이 있다.

7 「조선어독본」은 국가공인 텍스트로서의 권위와 교육 정전으로서의 기능을 발휘했다(박선영, 위의 책, p.150).

「조선어독본」의 문학텍스트도 지배 이데올로기를 전달하는 기능을 지니고 있다. 그러나 이에 그치는 것이 아니라 문학텍스트는 피교육자에게 문학에 대한 인식을 가능하게 한다. 문학은 기본적으로 미의식을 내포하고 있다. 이는 과학적인 글과는 다른 성격을 지니고 있으며 그 내용과 형식이 다름을 분별하게 하는 요소이다. 이러한 미의식은 근대의 도덕관, 물질의 교환가치, 합리성과 같은 다른 요소들을 배제하고 예술을 하나의 독립된 영역으로 인식하게 한다. 「조선어독본」은 언어의 예술적 사용인 문학을 규정하는 기준을 피교육자에게 심어주는 역할을 하며 이는 과학과 도덕과 분리된 문학을 가능하게 하는 토대가 된다.

「조선어독본」은 근대의 정전이기도 하며 최초의 근대 문학정전으로 그 시작점을 차지한다. 그러나 「조선어독본」은 본격적인 의미의 문학정전을 의미하지는 않는다. '고급의', '영원성을 지닌', '완벽한'의 의미를 지니기보다는 언어사용의 일례 중에 하나로 문학텍스트가 놓여있으며 문학의 기준과 범주를 제시하는 의미를 지니고 있다. 따라서 「조선어독본」의 문학텍스트에 대한 미의식 연구는 「조선어독본」을 재조명하고 근대 공교육을 통해 이루어진 문학의 분별기준과 그 범주를 추정할 수 있는 기초 작업이 될 것이다.

본 연구는 한일강제병합이 이루어진 1910년대부터 「조선어독본」의 문학텍스트를 중심대상으로 텍스트에 내재된 이데올로기와 미의식을 파악하고자 한다. 우선 당대의 교육 이데올로기를 점검하고자 한다.

개화기에서 일제강점기까지 근대 제도와 일상생활

2. 일제의 교육 이데올로기

1) 조선총독부의 교육정책

일제는 한일강제병합이 이루어지기 이전부터 일본어의 확장에 대하여 심도 깊게 계획하고 있었다. 개화기 한국의 엘리트들이 영어를 배우기 위한 도구로써 일어를 받아들인 반면에 일제는 한국인 전체가 일본어를 사용할 수 있는 수준을 목표로 하고 있었다. 이는 일제가 '언어가 사용되는 범위의 확장은 그 나라의 세력권의 확장'이라는 명제를 분명히 인식하고 있었기 때문이다.[8]

일제가 1911년부터 제정한 조선교육령은 일제의 교육 조건과 목표가 집약된 형태이다. 이는 식민지 통치기간의 교육 이데올로기가 변함에 따라 크게 다섯 시기에 걸쳐 변화하였다.[9] 일제는 1911년 8월에 조선교육령을 제정하여 학제를 전면적으로 개편하였다. 일제가 새로 만든 학제의 기조는 간이·실용으로 요약될 수 있는데 이는 일제 식

8 『教育時論』686호, 明治 37년 5월 5일, pp.1~2. 「韓國의 教育如何」, "그 나라의 중등이상의 학교에서는 일본어를 教授語로 해야 하고 소학교에서는 일본어를 必須科의 하나로 하지 않으면 안 된다. 이는 이미 논한 바와 같이 한국의 문화를 진전시키는 데 필요함은 물론이지만, 또 우리나라 勢力扶植의 至大한 要件이다. 언어는 자연 또는 정치적 국경을 넘어서 국경을 확장하는 것이다. 언어가 사용되는 범위의 확장은 그 나라의 勢力圈의 확장이다."

9 식민지 시기 보통학교 교과 과정은 크게 다섯 시기에 걸쳐 변화하였다. 첫째는 1910년부터 1922년까지로 제1차 조선교육령 실시 시기이다. 둘째는 1922년부터 1929년까지 제2차 조선교육령 발포에서 이른바 '교육실제화' 정책에 따른 '직업과' 도입 이전까지의 시기이다. 셋째는 1929년부터 1938년까지로, '직업과' 도입 이후부터 제3차 조선교육령이 실시되기 이전까지의 시기이다. 넷째는 1938년에서 1941년까지로 제3차 조선교육령 실시 시기이다. 다섯째 시기는 1941년 「국민학교규정」 실시 이후부터 해방까지의 시기이다(오성철, 『식민지 초등 교육의 형성』, 교육과학사, 2000, p.224).

민 지배 기간의 일관된 대한국 교육정책이었다.[10] 1922년에 시행된 조선교육령의 핵심적인 사항들을 살펴보면 다음과 같다. 첫째, 보통의 지식과 기능을 갖추어 국민의 소양을 기르는 것, 특히 국어(일본어)의 습득이었다.

> 第四條
> 普通學校는兒童의身體의發達에留意ᄒ야此에德育을施ᄒ야生活에
> 必須ᄒ普通의知識技能授ᄒ야國民될性格을涵養ᄒ며國語를習得
> 케ᄒ으로目的홈[11]

특히 수업과 관련된 사항과 학교의 허가에 관련된 사항이 모두 조선총독의 권한으로 명시되어 있다.[12] 이는 수업에 사용된 텍스트들이 기본적으로 학생들의 지식과 기능을 향상시키는 것이지만 그 배후는 일제의 의해 의도된 지식과 기능이라는 것을 알 수 있다.[13] 즉, 식민지 내의 일본인과 다른 한국인의 수업연한은 한국인을 단지 식민지 교

---

10 윤종혁, 『근대 이후 한국과 일본의 학제 변천 과정 비교 연구』, 한국학술정보, 2008, p.139.
11 『時事評論』, 1922. 1, p.64.
    고등보통학교, 여자고등보통학교의 항목에도 비슷한 내용이 있다. 다만 여자고등보통학교의 경우 '婦德의涵養'이라는 부분만 다르다.
12 1922년에 발표된 조선교육령은 학교설립과 수업연한과 입학자격을 조선총독이 정하도록 하였고, 특히 수업과 관련된 문무대신의 직무를 조선총독이 수행하게 함으로써 교육에 대한 전권을 조선총독에게 부여하고 있다.
13 보통학교의 수업연한은 4년이며 지방 실정에 따라 1년을 단축할 수 있도록 하였다. 한국 내 일본인 소학교의 수업연한이 6년임에 비해 한국인 보통학교의 수업연한을 4년 이하로 한 것은 '간이'의 방침에 따른 것이다(윤종혁, 앞의 책, p.150).

육을 통해 순응하는 국민 내지 단순 기능인으로 양성하고자 하는 의도를 내포하고 있었다. 따라서 일제의 한국인에 대한 교육은 국민의 소양을 기르는 것이지만 내포된 프로파간다는 당대의 체제에 성실하게 순응하도록 하는 것이었다.

둘째, 교육의 실질적인 교과편재와 수업에 대해서도 조선총독의 정한 바에 의해서 이루어졌다. 지배권력의 의도대로 텍스트를 선별하고 편집함으로써 지배이데올로기는 표면적으로 노출되고 있었다. 조선총독부에게 있어 교육은 일본의 식민 통치의 성패를 결정짓는 절대적인 변수로 인식[14]되었기 때문에 「조선어독본」에 선택된 텍스트는 지배권력의 의도대로 교육할 수 있는 텍스트였다.[15]

第二十三條
普通學校, 高等普通學校, 女子高等普通學校及師範學校의教科編制設備及授業科等에關ᄒ야ᄂ 朝鮮總督의定ᄒ바에依홈[16]

제1차 조선교육령의 諭告의 내용을 살펴보면 첫째, 조선과 일본의 관계를 위계화하고 있으며 둘째, 식민주의 교육이 덕성을 키우고 이

---

14 김혜련, 「제1차 조선교육령기『보통학교조선어급한문독본』수록 제재 연구」, 『돈암어문학』 제23집, 2010. 12, p.64.

15 「조선어독본」에 수용된 흥부전의 경우 특정화소를 중심으로 이루어졌으며 이는 제비의 보은담과 놀부의 보수담을 핵심서사로 담고 있다. 이로 인해 다채로운 미학적 장치들은 대부분 거세되고 단지 보은과 보수의 대립적인 모방담으로 다시 쓰여졌다(김혜련, 위의 책, p.70).

16 『時事評論』, 1922. 1, p.67.

를 통해 한국인을 '충량한 국민'으로 구성하고자 기획하고 있다.[17] 제2차 조선교육령에서도 조선과 일본이 사정이 다름으로 인하여 특별한 사정에 맞추어 학습을 하도록 위계화하고 있으며 교육을 통하여 민중이 문명의 혜택을 받게 한다는 명제와 더불어 帝國에 도움이 되는 국민을 양성하고자 했다.

> 自然事情의不同ᄒᆞᆫ것이有ᄒᆞᆷ으로써普通敎育機關은特히從來의名稱
> 을襲用ᄒᆞ야敎育을施ᄒᆞ고又子弟의特別ᄒᆞᆫ事情에應ᄒᆞ야適當히學習
> ᄒᆞᆷ을得ᄒᆞᆯ途를開ᄒᆞ얏도다 -중략- 層文明의惠澤에浴ᄒᆞ며 其福祉를
> 增케ᄒᆞ고적ᄒᆞᄂᆞᆫ趣旨에不外ᄒᆞ나니官民이맛당히協心戮力ᄒᆞ야新令
> 의精神에則ᄒᆞ야質實健全ᄒᆞᆫ施設을行ᄒᆞ야써帝國의奎運을裨ᄒᆞ며更
> 進ᄒᆞ야世界文化의發展에參ᄒᆞ기를勖ᄒᆞᆯ지어다[18]

3차 조선교육령에서는 일차적 목적이었던 일본어 보급이 '충량한 황국신민 육성'으로 바뀌었다. 특히 조선어 교육은 수의과목으로 전락하였고 교과배열순위에서도 가장 마지막을 차지하게 되었다. 형식적으로는 가르칠 수 있었지만 실질적으로 '조선어'는 폐지된 것이나 다름없었다.[19] 이는 2차까지의 동화교육을 넘어선 황민화교육, 내선일체의 이데올로기를 교육에 적용하는 것이다. 또한 학교에서의 일상

---

17 김혜정, 앞의 책, p.82.

18 『時事評論』, 1922. 1, p.68.

19 박승관, 앞의 책. p.22.

적인 언어사용조차 한국어는 금지되는 학교규칙이 적용되었다. 이는 1938년 이후의 「조선어독본」이 교육적 기능과 정전적 역할에서 제대로 작동되지 않았음을 의미한다.

조선교육령을 통해 알 수 있는 조선총독부의 교육정책은 '첫째, 제국에 충량한 국민을 육성한다. 둘째, 일본어를 보급한다.'로 요약될 수 있다. 이에 「조선어독본」에 포함된 문학텍스트는 충량한 국민을 양성하는 데 일조하는 이데올로기를 담고 있어야만 했다. 이는 총독부가 1928년 6월 임시교육심의 위원회를 소집하여 교육정책을 부분적으로 수정한 방침을 보면 쉽게 파악된다.[20] 이후 1930년 2월 신절차법을 발표하고 4월부터 보통학교 1학년 교과서를 개정하면서 「朝鮮語及漢文讀本」에서 「朝鮮語讀本」이 분리되어 나온다. 「朝鮮語讀本」이 분리되면서 '조선적인 것'이 상대적으로 많이 반영되었다. 이 「朝鮮語讀本」에는 조선인 문학자의 텍스트를 교재에 수록하고자 하

---

20 1927년 말 山梨半造 총독의 부임으로 1928년 8월 임시교과서조사위원에서 교과서 개정문제를 심의하고 일반적 방침을 제시하였다. 이에 주요 내용을 보면 다음과 같다.
　① 칙어와 조서의 요지를 철저하게 반영하는 데 한층 유념할 것.
　② 황실 및 국가에 관한 사항에 한층 유념할 것.
　③ 일한합병의 정신을 이해시켜 내선융화의 효과를 거두기 위해 관련 있는 사항에 한층 유념할 것.
　④ 조선의 실정에 맞는 근로애호, 흥업치산, 직업존중 및 자립자영의 정신을 함양하는 데 적절한 자료를 늘릴 것.
　⑤ 동양의 도덕에서 배태된 조선의 미풍양속을 진작하는 데 적절한 자료를 늘릴 것.
　⑥ 사회공동생활에 적응하는 품성의 도야에 적절한 자료를 늘릴 것.
　⑦ 책임을 중시하는 실천궁행을 장려하는 데 적절한 자료를 유의할 것.
　천황에 대한 충성심을 높이고 합병을 정당화하여 조선인을 일본에 동화시키고, 조선 사회의 현실에 적응하는 인간을 길러내는 교육에 초점을 맞춘 것이었다(김한종, 「조선총독부의 교육정책과 교과서 발행」, 『역사교육연구』 제9호, 2009. 6, pp.29~30).

였다. 그러나 실질적으로 수록되기는 힘들었는데, 조선 문인들이 대개 당국이 원하는 글을 쓰지 않는 관계로 총독부로서는 채용할 수 없었기 때문이다.[21]

2) 「조선어독본」의 이데올로기

선행된 연구는 「조선어독본」의 시대성과 성격에 주목하여 식민지배 이데올로기를 해석하는 데 주력하고 있다. 당시에 간행된 조선어과 교과서는 요긴한 식민 이데올로기의 주입수단으로 활용되었을 뿐 아니라, 언어를 규범화하여 피지배언어를 지배하며 지배언어의 지위를 향상시키려는 정치적 목적을 담고 있었다고 보기 때문이다.

박선영은 교과서 편저자들이 시가의 미학적 특성이나 문학적 양식에 대한 관심보다는 내용을 통해 주입하려 했던 가치나 의도에 집중하고 있다고 하였다. 이러한 시가들은 수용자에게 공적 감정을 습득하도록 하는 데, 그 공적 감정이란 체념과 슬픔, 근면과 성실, 전통적인 충효를 강조하여 식민지 상황을 순응하는 것으로 지배권력의 이데올로기를 담고 있다고 하였다.[22]

김혜련은 「조선어독본」에 실린 '흥부전'을 분석하여 원전의 내용을 살려 수용된 것이 아니라 지배권력의 편찬 의도에 맞게 수정되어 실렸음을 밝혔다. '흥부전'의 경우에는 등장인물에 관한 서사적 형상화가 대폭 축소되어 있을 뿐만 아니라 조선을 표상하는 구체적인 배

---

21 강진호, 앞의 책, 2010, pp.125~126.
22 박선영, 앞의 책, pp.152~171.

개항기에서 일제강점기까지 근대 제도와 일상생활

경정보도 수록 과정에서 삭제되었다.[23]

> 옛날,어느곳에,놀부와興夫라하는사람兄弟가잇섯소. 兄놀부는慾心
> 이만코,못된짓을만히하야,이웃까지不安케하얏소. 아우興夫는,兄
> 놀부와判異하야,마음이極히正直하고,山밋數間斗屋속에서,여러子
> 息을다리고家勢가赤貧한살님을하얏소. -하략-[24](밑줄 필자)

'흥부전'에 대한 연습은 흥부와 놀부의 성격, 흥부가 제비를 대한 태
도, 제비가 흥부의 은혜에 대한 보은, 흥부의 행실을 통해 보은을 받았
음을 강조하고 있다. 주로 '흥부전'의 보은을 중심으로 착함과 보은이
라는 선의 이데올로기에 집중되어 있다. 조선의 구체적인 지명이 배제
되어 있다는 점, 보은이라는 관점에서 흥부전을 접근한 태도 등은 조
선의 전통적인 이야기들이 실은 일본의 전통과 '동형관계'를 형성하고
있음을 보여주기 위한 것으로 일본 설화의 관점에서 접근한 것이다.[25]

練習
一. 興夫와 놀부는性質이엇더하며,엇더한생활을하얏느냐.

---

23 김혜련, 앞의 책, p.88.

24 『普通學校朝鮮語及漢文讀本』 권3, 조선서적인쇄주식회사, 1918, p.163.

25 김혜련은 논문에서 「흥부전」과 일본의 「혀 짤린 참새」의 이야기 구조가 동일함을 들어 일
본의 「혀 짤린 참새」의 이야기 구조에 맞게 「흥부전」을 선별한 것으로 보고 있다. 이러한
관점은 「심청전」에서 선별된 화소가 악신에게 희생 제물로 바쳐진 처녀가 위기를 벗어나고
다시 살아나 어머니의 눈을 뜨게 했다는 일본의 「小夜姬」의 구조와 유사하게 선별된 점에
서도 확인할 수 있다(김혜련, 앞의 책, pp.88~89).

二. 제비는興夫의집으로엇더케하야날너왓스며,또興夫는그제비에
게對하야,엇더한일을하얏느냐

三. 제비는엇더케하야興夫의恩惠를갑헛느냐. (밑줄 필자)

四. 興夫는엇더케하야八字조흔사람이되엿느냐. ─하략─[26]

'심청전'의 경우에도 등장인물에 대한 묘사에서 오는 골계, 해학적
측면은 제거되고 '효'라는 전통적 이데올로기를 전달하는 데 집중되
어 있다. 고전소설의 미의식인 비장미, 골계미, 우아미가 잘 드러나지
않는 이유는 이들 미의식이 대부분 상황묘사나 인물묘사에서 얻어지
는 것이기 때문이다. 「조선어독본」의 '심청전'은 지배체제에 순응하
는 이데올로기를 전통적인 '효'의 이데올로기로 포장하여 전달하는
데 효과적인 부분만을 편집하여 수용하였음을 알 수 있다.

人間의沈淸은癈盲된아비를爲하야죽기를避치아니합니다.아비의먼
눈을쓰이기를發願하야,부처께施助하랴하얏삽드니,供養米三百石
을어들길이업서,도로혀부처님속인罪를밧게되엿습니다.天地神明이
시여,굽어살혀주십시오.[27]

「조선어독본」의 서사텍스트가 지닌 이데올로기는 조선총독부의
교육정책의 목표를 실현하는 데 효과적인 것으로 구성되어 있다. 「조

---

26 『普通學校朝鮮語及漢文讀本』권3, 앞의 책, pp.166~167.

27 『普通學校朝鮮語讀本』권4, 조선서적인쇄주식회사, 1924, pp.70~71.

선어독본」의 서사텍스트는 조선전래의 미풍양속이라는 미명 하에 충, 효, 의, 선의 이념을 강조함으로써 체제에 순응적인 이데올로기를 담고 있다. 「조선어독본」의 서사텍스트는 조선교육령이 지닌 일반적인 법령이 실제 공교육에서 어떻게 실현되었는가를 보여준다.

「조선어독본」에서 문학을 직접적으로 다룬 단원은 '文學과人生'이라는 단원이다. 여기에 서술된 문학은 문학의 교육적 기능에 대하여 논의한 것이다. 근대 문학의 시각을 보이기는 하지만 근대 예술의 '미'는 독립적인 존재[28]가 아닌 '선'과 '미'가 하나로 동화된 상태로 보고 있다. 교육적 효용성을 강조한 측면으로 문학이 교훈적인 내용을 전달하는 하나의 수단으로 여기는 것이다. 이러한 입장은 교과서에서 문학을 수용할 때, 그 자체의 미보다도 우선시 되는 것이 '선'이나 '진'임을 보여주는 일례이다.

> 文學은人生의救濟다. -중략- 우리가아름다운詩歌를吟詠하고,戲曲·小說을玩味할적에는,全然히 別天地에들어가,一切의我執·妄見은사라지고,읽어가는自己와읽혀지는作品이하나로融合하야差別이업시되고,다만헤아릴수업는 歡喜의지경에잇는듯한늣김이나는것인것 -중략- 그러나文學에는比較的그要素가적어서,적어도文字를解

---

28 미적 가치와 도덕적 가치의 관계는 필연적/체계적이라고 보는 관점에서는 모든 예술작품 혹은 특정 장르에 속하거나 특정 조건을 만족하는 모든 예술작품이 특정 도덕적 가치판단의 대상이 된다거나 되지 않는다고 본다(즉 모든 예술 혹은 특정 부류의 예술은 "반드시" 도덕적 판단의 대상에서 면제된다는 입장, 작품의 도덕적 가치와 미적 가치는 필연적/체계적으로 분리된다는 입장도 여기에 속함) (주동률, 「예술과 도덕의 관계」, 『현대의 예술과 미학』, 서울대출판부, 2007, p.280).

得하는사람이면,누구든지그救濟의힘에의지할수가잇다.文學은,感
情에依하야直觀的으로救濟의任務를다하랴하고, -중략- 「果然文
學으로만 -중략- 全人格의 救濟가 可能하겟느냐」고,反問할이가잇
슬지도모른다.나는그것이반다시可能하다고밋는다.참된美는또한반
다시善을兼備하고,참된善은또한반다시美를包含한것이다. -중략-
그럼으로참된美의文學에依하야救濟되는것은人格全體의救濟요,[29]

요약하자면, 「조선어독본」의 이데올로기는 일제의 지배 이데올로
기라고 할 수 있다. 당시 일제의 교육정책은 지배권력의 이데올로기
를 피교육자에게 주입하는 것이었고 이를 구체적으로 실행한 것이
「조선어독본」이었다.

「조선어독본」의 서사텍스트가 표방하고 있는 이데올로기는 체제
에 순응하도록 하는 이데올로기이다. 구체적으로 식민지체제에 순응
하도록 변형시킨 가치를 드러내고 있다. 한국인에게 전통적이라고 여
겨지는 충, 효, 의를 근대적 가치인 자유, 평등을 통해 수용하기보다
는 식민지 사회에서 충량한 식민으로 양육될 수 있는 성실, 근면, 과
학, 착함, 열성과 노력의 이데올로기로 드러내고 있다.

근대 문학은 근대의 가치가 구현된 것이다. 이러한 근대의 가치 중
자유와 평등이 대표적이라고 할 수 있는데 이러한 가치가 「조선어독
본」의 서사텍스트에서는 잘 드러나지 않는다. 특히 현재체제에 대한
관심을 유도하거나 비판하는 텍스트는 찾기 힘들며 현실에서 벗어나

---

29 『中等教育 朝鮮語及漢文讀本』 권4, 조선총독부, 1936, pp.152~155.

이상적이거나, 현실을 긍정하게 하는 성실, 근면의 이데올로기가 지배적으로 드러난다. 따라서 「조선어독본」의 서사텍스트들은 현실에 긍정적이거나 현실과 상관이 없는 이상적 이데올로기를 드러낸다. 서사장르의 경우 부분적으로 왜곡되어 수록되어 있기 때문에 일제의 교육 이데올로기가 노골화되어 있으나 시가장르의 경우 전문을 수록하고 있으며 당대성을 지니고 있거나 근대 가치를 표방하는 등 다양성을 보이고 있다. 결국 「조선어독본」의 미의식은 편집된 서사텍스트보다 전문이 포함되는 시가텍스트에서 부분적이나마 확인할 수 있다.

3. 「조선어독본」의 미의식[30]

1) 「조선어독본」의 성격과 근대 문학

"온건한 도덕주의"의 입장에서 접근한다면 「조선어독본」의 도덕적 가치에 중심을 두고 그와 관련된 미적 가치를 찾을 수 있다. 그러나 이러한 입장은 도덕적 가치를 미적 가치보다 우월성을 지닌 것으

---

30 미적 가치가 있는 것으로 경험되는 대상, 즉 미적 대상은 본래 주체의 의식을 초월하여 그 밖에 서 있는 것이 아니라 바로 그 속에 내재하는 대상이며 더구나 주체의 능동적인 활동을 기다려서야 비로소 미적 대상으로 성립되는 것. 미의식은 특별한 의미에서 대상의 의식이다 (최경석, 「미적 가치의 이론」, 『미학의 문제와 방법』, 서울대출판부, 2007, p.82).
여기서는 미의식의 능동적·생산적 태도의 예술창작에 관한 것이 아니라 수동적·수용적 측면으로 일반 대중의 체험으로서 비교적 광범위하게 경험되는 성질의 것을 의미한다. 미의식을 구성하는 심적 요소로서는 감각, 표상, 연합, 상상, 사고, 의지, 감정 등이 포함된다. 일반적으로 사고와 의지의 요소가 후퇴 내지 축소되고, 거꾸로 감각과 감정의 요소가 진출 내지 확대되는 것이다(논장 편집부엮음, 『미학사전』, 논장, 1988, pp.307~309).

로 판단하게 하며 다른 가치를 묶어 위계화시키는 오류를 범하게 한다. 이러한 관점에서 접근하면 미적 가치는 제거되고 교육적 가치, 도덕적 가치만 추출될 가능성이 많다.

이와 반대되는 입장이 극단적 자율성주의[31]로 근대 문학은 도덕적 판단에서 자유로운 것이며 독립된 영역을 가지고 있다는 것이다. 문학의 가치는 다른 가치와 연관관계에 의해서 존립하는 것이 아니라 홀로 존재하는 것이다. 그러나 극단적 자율성주의로 「조선어독본」에 접근하면 문제점이 노출된다. 「조선어독본」은 공교육의 수업에 사용된 텍스트로 가치 범주의 판단에 따라 텍스트를 다양하게 해석하고 접근하는 것을 목표로 하지 않기 때문이다. 공교육의 텍스트는 정형화된 판단을 요구하며 이러한 판단은 동일한 가치관, 동일한 경험을 야기하고 하나의 공통성으로 피교육자를 묶으려는 목적을 가지고 있다.

이는 시험과 같은 강제기제를 통해 외부적으로 보여지는 메커니즘이며 개별적으로 수용되는 해석의 메커니즘은 다른 양상을 지니고 있다. 문학정전의 경우, 문학성에 대한 교육을 단일한 해석방법을 통해 동일한 해석을 유도하더라도 개인별 차이에 따라 수용이 다름을 인식하게 되고 따라서 다양한 해석의 가능성을 열어둔다. 즉, 피교육

---

31 모든 예술은 도덕적 판단 대상일 수 없다(도덕적 판단의 주요 대상들인 인간행위나 제도들에 대한 미적 판단도 거부하는 주장이 첨가될 수 있음. 그러나 이하에서 "자율성주의"는 주로 예술에 대한 도덕적 평가의 부적절성을 주장하는 입장으로 이해될 것임). 두 가치들은 서로 독립적인 영역에서 구현되고 평가된다는 의미에서 각각의 자율성을 유지하기 때문에 예술에 대한 도덕적 평가는 (가치) 범주의 착오에 해당한다. 이는 그 가치들이 적용되는 대상들 간에 겹침의 영역이 없음을 의미한다. 19세기 이후로 칸트의 취미 판단이론을 예술에 대한 이론으로 원용한 예술지상주의, 신비평 등의 입장이 폭넓게 이 진영에 속한다고 간주될 수 있다(주동률, 앞의 책, p.282).

자에게 단일한 해석방법과 동일한 해석을 요구하지만 그 수용양상이 다양함으로 인해서 다양한 해석을 인식하게 된다.

「조선어독본」은 기본적으로 글에 대한 기초지식을 전달하기 위한 수업텍스트이다. 따라서 그 문학텍스트의 성격도 글에 대한 기초지식을 전달하기 위한 것이다. 문학에 대한 기초지식은 형태적인 측면이 우선적으로 이루어진다. 시가의 경우, 시각적으로 확보되기에 큰 어려움은 없으나 서사의 경우, 일반적인 글과 그 양태가 같음으로 인하여 그 내용상 구분의 지식과 감상방법을 습득해야 한다. 일반적인 글과 다른 문학적인 글을 구분하고 감상하는 것이 「조선어독본」이 표방하고 있는 기초지식으로서의 문학교육이다.

「조선어독본」은 '문학성' 내지 '문학적 기교'로 대표되는 인문학적 교양을 목적으로 하기보다 기초지식을 목적으로 하고 있다. 따라서 서사텍스트는 그 문학성 혹은 문학적 기교를 가르치기 위함보다는 문학적 글의 양태를 전달하는 데 주목적이 있었다. 즉 「조선어독본」에서 서사장르의 텍스트들은 글쓰기의 모델로 거의 '문자 그대로의 뜻'으로 인식된다.[32] 따라서 「조선어독본」의 서사텍스트들은 교육 이데올로기에 충실할 수밖에 없는 한계를 지니고 있다.

「조선어독본」의 '문학성' 내지 '문학적 기교'에 대한 교육은 시가장르에서 이루어졌을 가능성이 높다. 특히 보통학교급 독본보다 중등교

---

32 국가 언어의 기초적 습득을 목표로 하는 초등학교에서 프랑스어는 일차적이고 고유한 의미, 그 자체로 현실을 의미하는 것으로 익혀진다. 여기서 사용되는 문학텍스트는 곧 객관적 현실을 담아낼 수 있는 것으로 간주되어, 텍스트 자체가 글쓰기 모델이 된다(신미경, 『프랑스 문학사회학』, 동문선, 2003, p.40).

육 이상의 독본에 수록된 시가텍스트에서 근대적 면모를 보이고 있기 때문이다. 따라서 극단적 자율성주의로 「조선어독본」에 대한 접근자체가 어려운 일이나 그나마 접근가능성이 있는 것은 시가장르이다.

「조선어독본」의 시가텍스트에 자율성을 근간으로 접근하려는 이유는 「조선어독본」의 이데올로기와 더불어 미적 가치를 파악하기 위함이다. 또한 이를 통해 당시의 정전적 지위를 가진 텍스트에서 요구한 '문학성'은 무엇이며 이에 포함된 미적 가치와 미적 범주를 파악하기 위함이다. 이러한 접근 태도는 「조선어독본」이 근대 미의식을 지니고 있음을 밝히고 근대 교육제도를 통해 피교육자가 문학성에 대한 인식이 가능했음을 이해할 수 있게 도와줄 것이다. 즉 「조선어독본」이 근대의 도덕관, 물질적 가치, 합리성으로 대변되는 가치들과 다른 독립된 문학의 가치를 피교육자에게 심어주는 문학정전의 역할을 하였음을 규명할 수 있는 방법이다.

일제강점기 「조선어독본」 전체의 시가텍스트를 대상으로 하는 것은 시간상·지면상 무리가 있다. 따라서 중요성과 반복성을 감안하여 분석할 텍스트를 '師의恩', '漂衣', '金剛石'으로 정하고 이를 바탕으로 분석해 나갈 것이다. 또한 근대적 시가의 '문학성'과 미적 가치를 살피기 위해서 1933년도판 「조선어독본」의 시가들을 살펴볼 것이다.[33]

개화기에서 일제강점기까지 근대 제도와 일상생활

---

33 1933년도판 「조선어독본」을 더 살펴보는 이유는 전통적 형태의 시가와 근대적 형태를 보이는 시가가 혼합되어 있기 때문이다. 공교육의 수용자는 처음으로 접하는 문학텍스트들에 의해 문학을 이해하는 기술을 연마하게 된다. 공교육의 본질적인 특징은 다수의 학생에게 교수하고자 하는 내용을 전달하는 것이다. 이는 학생이 주체적으로 지식을 습득한다고 생각되기보다는 교사의 교습방법에 의해 학생들에게 하나의 프로파간다로 주입되는 과정을 거친다. 따라서 공교육에서 이루어지는 문학교육은 그 텍스트에 따라 학생들의 문학적 취향

2) 「조선어독본」의 미적 가치

시가에 해당하는 '師의恩', '漂衣', '金剛石'은 「조선어독본」에서 두 번에 걸쳐 수용되었다.[34] 표기에 있어 다소 변경이 나타나지만 내용의 변경은 거의 없다고 볼 수 있다. 내용적으로 볼 때, '師의恩'과 '金剛石'은 교육적인 주제를 담고 있으며 '漂衣'는 개인적인 관조를 드러내고 있다.

師의恩

一. 철업고어린東西不辨우리들,
　　힘써가르치신우리의先生님,
　　이즐소냐(니즐소냐-1924년),그恩惠
　　아침이나,저녁이나.
二. 知識넓히고,才能道德닥기는
　　누구힘인지,同伴들아,아느냐
　　올타,우리先生님,

을 형성하게 만든다. 「조선어독본」에서 나타나는 근대적 시가는 근대 문학의 외적, 내적 기준으로 대치가 가능하다. 또한 근대 시가의 미적 가치는 근대의 미적 가치로 환치될 수 있기 때문이다. 그리고 소설부분을 제외한 이유는 교육당국에 의해 편집된 사실전달의 실용적이고 교훈적인 텍스트 형식을 지니고 있으며 이는 같은 문학텍스트라도 '글쓰기의 모델'로 활용되도록 수용되었기 때문이다.

34 師의恩은 『普通學校朝鮮語及漢文讀本』 권5, 1918년판과 『普通學校朝鮮語讀本』 권4, 1924 년판에, 漂衣는 『普通學校朝鮮語及漢文讀本』 권4, 1918년판과 『普通學校朝鮮語讀本』 권5, 1924년판에, 금강석은 『普通學校朝鮮語及漢文讀本』 권3, 1918년판과 『普通學校朝鮮語讀本』 권5, 1924년판에 실려 있다.

口傳心授이아닌가.

三. 이몸낫키는父母님의恩惠오(요-1924년).

　　이몸닥기는先生님의恩惠라.

　　이즐소냐(니즐소냐-1924년),先生님,

　　父母님과一般이라.

四. 놉고쏘깁흔先生님의큰恩惠

　　엇지니즈며,어느째나갑흘가.

　　우리몸을세우고,

　　우리일음날녀서.[35]

　'師의恩'은 4음보율에 대구형식을 취하고 있다. 이는 대표적인 전통적 양식이다.[36] 내용은 전통적으로 익숙한 유교적 교리를 담고 있다. 군사부일체와 입신양명의 문구가 그것이다. 이 시가는 전통적인 시가의 운율적인 면을 따르고 있어 전통의 형식미를 가지고 있다. 여기서 형식미라는 것은 이를 감상하는 수용자의 경험으로 미루어 이미 익숙한 것으로, 하나의 완결된 양식이다.[37]

　'師의恩'은 전통적인 유교원리를 내포함으로써 절대적 인식체계를

---

35 『普通學校朝鮮語讀本』 권4, 조선서적인쇄주식회사, 1924, pp.91~93.

36 초기 창가의 주요 형식이 사사조와 대구식이라는 점, 묵독이 아닌 음독의 형태라는 점으로 보아 창가의 양식이라고 볼 수 있다. 그러나 창가가 과거 시형의 4·4조를 그대로 사용했기 때문에 전통적 양식이라고 보아도 무방하다.

37 예술의 모방론 가운데 관례주의 이론에 따르면, 일단 우리가 주어진 재현 양식에 익숙해지면 그러한 양식은 우리에게 자연스러운 것처럼 여겨진다. 따라서 그 형식과 내용이 무엇이든 간에 우리는 그것이 가장 친숙하다고 여긴다(앨런골드만 저, 김정현 역, 「예술작품의 평가문제」, 『미학의 문제와 방법』, 서울대출판부, 2007, p.235).

드러낸다. 스승과 제자의 관계는 당대에 있어서도 오늘날에 있어서도 단순 보은개념이 아니다. 스승과 제자는 하나의 절대적인 관계하에 연결되어 있는 것으로 스승으로서의 절대적 위치와 제자로서의 절대적 위치는 변하지 않는다. 따라서 표방하고 있는 이데올로기는 사회의 지배적 이데올로기이며 그 미적 가치는 절대미이다. 전통적인 형식미와 내용적인 절대미의 결합형태는 안정적인 형식 위에 안착된 전통적 가치로 피교육자에게 저항 없는 수용이라는 교육적 목적을 충실히 달성하고 있다. 이러한 절대미는 완전한 조화를 가진 최고의 미라는 의미보다는 미의 근저를 이루는 기준을 제시하는 미적 가치이다.

이러한 이유 때문인지 시가에서 개인은 발견되지 않는다. 개인의 감정, 욕망, 판단은 제거되고 스승과 부모의 은혜에 입신양명으로 보은해야 하는 몰주체의 인간만 있을 뿐이다. 유교가 지배사상이었던 조선의 시가에서 강조했던 절대미는 식민지 상황에 순응하는 몰주체를 양성하는 도구로 전락하게 된다. 수용자가 관조적인 미적 태도를 통해 대상물을 보았을 때, 절대미라는 미적 가치로 판단이 가능하다. 그러나 이런 미적 가치는 내적 화자의 감정이나 사고가 없기 때문에 쾌나 불쾌라는 미적 판단으로 독립되지 못하고 도덕적 가치와 결합하여 그 도덕적 가치를 더욱 돋보이게 하는 장치로 쓰인 것이다. 이러한 경우는 '金剛石'의 경우도 마찬가지로 여겨진다.

金剛石

金剛石이라도(,–1924년)갈지안으면,

燦爛한光彩는날수업도다.

사람도學問을닥근후에야,

眞實한德性이나타나리라

時計의바늘이間斷이업시

돌아감과갓치, 一分一秒의

光陰을앗기여誠勤히하면,

무슨事業인들성공못할가

'金剛石'도 성실과 학업의 중요성을 강조한 것으로 전통적인 4음보 율의 형식을 지니고 있다. 내용상 표방하는 이데올로기는 성실이다. 문학적 기교로는 병치은유가 사용된 것이 특징이다. 완결된 형식을 바탕으로 성실함이라는 인간의 도덕적 가치가 나타난다. '金剛石'은 학문이라는 '진'에 다가가기 위하여 성실할 것을 요구한다. 절대성의 세계를 지향하고 있다는 점에서 '金剛石'도 절대미의 가치를 지니고 있다. 다만 '師의恩'보다 하위의 절대미라고 할 수 있는데 이는 반드시 지켜야 하는 가치가 아니라 '진'으로 나아가기 위해서 경계를 해야한 다는 하나의 실행원리를 표상하고 있기 때문이다.

이러한 전통적인 미적 가치를 포함한 문학텍스트는 특히 1918년과 1924년의 「조선어독본」에 많이 포함되어 있다.[38] 일제 초기 조선총독

개화기에서 일제강점기까지 근대 제도와 일상생활

---

38 시가와 서사를 포함해서 전통적인 설화, 위인전, 설명문, 기행문 등이 여기에 포함된다.

부의 목표 중 하나는 조선의 동화정책이었다. 이 작업의 일환으로 한국인에게 익숙한 내용을 지닌 문학텍스트가 수용된 것이다. 그러나 전통적인 문학텍스트를 그대로 「조선어독본」에 수용하기 보다는 원본의 내용을 편집하거나 필요한 텍스트만을 선별하여 '충량한 국민'을 교육하기 위한 형식과 내용으로 바꾸었다.

근대적인 형식과 내용을 보이는 시가의 경우에는 사회적, 정치적 이념을 드러내지 않고 이상향이나 자연에의 관조 등 현실과 관련이 무관한 주제가 대부분이다. 이러한 점에서 「조선어독본」이 수용한 근대 문학의 미적 범주는 다분히 한국 문학의 장에서 이루어낸 다양한 미적 가치들을 포함하고 있지 못하다.[39] 다만 근대적인 시가에서 드러나는 미적 가치들은 교육적 의미가 후퇴하고 근대 문학의 독립적인 영역을 인식하게 할 가능성이 농후하다. 이러한 점에서 근대 시가들은 정전으로서의 「조선어독본」에서 근대 문학의 가치범주를 가늠하게 하고 있다.

漂衣(빨내-1924년)

一.(-1924년)

---

39 이러한 현상은 교과서가 가지고 있는 특성 중에 하나이다. 현실에서 소통되는 문학텍스트를 즉각적으로 반영하기보다는 문학의 장에서 여러 투쟁을 이겨낸 텍스트를 포함하려고 하며 이는 정전이 하나의 영원성을 추구하는 경향이 있기 때문이다. 또한 교과서를 편찬하는 지배권력의 의도가 교과서에 반영되기 때문에 편향된 미적 가치와 범주를 형성하고 있기 때문이다. 수용자들의 가치 판단의 기준을 편향되게 만들려는 지배권력의 노력에도 불구하고 각성된 수용자들은 능동적으로 문학의 다양성과 소통하며 다른 미적 가치를 받아들이며 보다 넓은 미적 범주를 형성하고 있다.

山谷間에흘으는(,-1924년) 맑은물가에(,-1924년)

저긔안즌저漂母(,-1924년) 방망이들고(,-1924년)

이옷저옷쌜적에(,-1924년) 하도밧부다(.-1924년)

해는어이쌀나서(,-1924년) 西山을넘네(.-1924년)

二.(-1924년)

물에잠가두다려(,-1924년) 얼는헤이고(,-1924년)

다시한번쥐여쌔(,-1924년) 너러말닐제(,-1924년)

나뭇가지에걸고(,-1924년) 풀밧헤편다(.-1924년)

볏흔어이엷어서(,-1924년) 더듸말으네(.-1924년)

三.(-1924년)

멀니뵈는山언덕(,-1924년) 희기도희다(.-1924년)

終日토록쌘옷이(,-1924년) 다말낫스니(,-1924년)

주섬주섬거더서(,-1924년) 가지고간다(.-1924년)

애는어이철업서(,-1924년) 배곱하우네(,-1924년)

四.(-1924년)

서리오고바람찬(,-1924년) 長長秋夜에(,-1924년)

옷다듬는저소래(리,-1924년) 이집저집서(,-1924년)

쟝단맛쳐(쳐-1924년)應하니(,-1924년) 듯기도좃타(.-1924년)

달은어이多情히(,-1924년) 窓에빗최네(.-1924년)[40]

「조선어독본」에 등장하는 '漂衣'는 신시의 7·5조 형식과 일치한다.

---

40 『普通學校朝鮮語及漢文讀本』 권4, 조선총독부, 1918, pp.54~56.

또한 절대적 가치나 도덕적 가치를 함의하고 있기보다는 개인의 감상과 표현이 나타난다. 그러나 신시의 형식을 가진 '漂衣'는 새로운 형식을 지닌, 낯선 형식은 아니었다. 1918년만 하더라도 형식적인 면에서 신시의 형식은 문학의 장에서 주류를 이루고 있던 양식이었다. 그렇지만 신시 형식을 지닌 시가가 초기 「조선어독본」에 나온다는 것은 이후에 신시의 형식미를 「조선어독본」이 수용했음을 의미한다. 따라서 이후의 「조선어독본」에는 신시 형식의 시가가 보다 많이 등장하게 된다. 이는 전통적인 형식미와 더불어 신시의 형식미 더 나아가 자유시의 형식미가 자연스럽게 정전에 수용되어 가는 과정을 보여준다.

또한 내용을 살펴보면, 주제는 개인적 주제이다. 화자는 빨래라는 노동으로 인한 고달픔이나 괴로움이 드러내는 것이 아니라 가을날의 일과를 자연 속에서 편안하게 관조하고 있다. 개인적인 감정이 자연스럽게 자연과 이입되면서 정숙미를 만들어내고 있다. 이런 자연에 대한 정숙미는 전통적인 시가에서 그 기원을 찾을 수 있는데[41] 이는 「조선어독본」의 이데올로기가 현실에 대한 문제인식에 대하여 의도적으로 피하고 있기 때문이다. 시가텍스트의 미적 가치는 현실성과 결부된 가치가 아니라 현실에서 벗어난 가치이며 그 기원을 전통적 가치에 두고 있다.

'漂衣'는 몰주체의 인간이 아니라 개인적 주체가 등장하며 내용도 도덕적 가치는 배제된, 화자가 느끼는 개인적인 정서이다. 가을날의 개인적인 감정의 표현과 이에 대한 정서적 판단을 유도하며 관조적인 태도를 통해

---

41 吟風弄月 등 자연에 대한 소재가 많았다는 점에서 정숙미, 한이 우리 민족의 대표적인 정서라고 하면 절제미 등을 상정할 수 있을 것이다(류근조, 「한국 현대시의 구조적 연구」, 단국대 박사논문, 1982, p.40).

드러나는 쾌라는 미적 판단을 가져온다. 이러한 미적 판단은 시가의 내용
이 도덕적 가치와 결부되어 있지 않으므로 독립적인 영역을 지니고 있다.

신시라는 7·5조 형식미를 지닌 '漂衣'는 정전적 지위를 지녔던 「조
선어독본」에도 차차 근대적 형식과 내용이 담기기 시작했음을 보여
준다. 즉 「조선어독본」에 근대의 신시라는 형식과 독립적인 영역을
지닌 미적 가치가 포함되기 시작하였고 이광수가 내세운 신문학의 조
건을 만족시키는 시가가 「조선어독본」에 포함되었음을 의미한다.[42]

「조선어독본」의 시가텍스트는 점점 근대의 미적 가치를 수용하며
그 미적 범주를 넓히고 있음을 볼 수 있다.[43] 사회적·정치적 상황을 고
려하지 않고 「조선어독본」 자체만 보더라도 이후 근대의 새로운 미적
가치들이 전통적 미적 가치와 함께 「조선어독본」에 혼종되어 있음을
볼 수 있다. 특히 1933년판 「조선어독본」을 보면 시조가 다수 포함되어
있으며 4·4조의 창가, 신시, 자유시라 할 수 있는 형식도 보인다.[44] 자유

---

42 이광수: 신문학의 조건 1. 순수한 時문체로 씌었다는 것, 2. 예술이 유흥이 아닌 경건하고 엄
숙한 열성의 태도를 필요, 3. 구습을 탈하여 예술에 들어가는 기미(신흥문예의 핵심), 4. 현실
적인 것으로 돌아옴(고전문학–이상적), 5. 신사상의 맹아가 보임(백철, 『新文學思潮史』, 신구문
화사, 2003, pp.79~80).

43 정전이 영원불멸성을 추구하지만 근대의 정전에는 배제와 선택의 기준이 작용한다. 이러한
이유로 정전에서 배제되는 텍스트도 적지는 않지만 그보다 정전에 포함되는 텍스트가 많
기 때문에 정전목록은 확장하는 구조를 지니고 있다. 따라서 정전의 새로운 텍스트는 그 텍
스트가 지닌 새로운 형식과 내용의 미적 가치가 정전에 포함되었음을 의미하고 그러한 미적
가치를 지닌 텍스트가 정전에 진입하기 쉽게 되었음을 의미한다. 또한 이러한 단계가 구조적
으로 반복됨에 따라서 근대의 정전이 지니는 미적 범주는 확장되는 특성을 지니게 된다.

44 1933년 발행된 『中等教育朝鮮語及漢文讀本』 권1, 2의 시가부분을 보면 권1에서 자유시의
형식 2편, 신시의 형식 1편, 권2에서 자유시형 3편, 시조 3편이 포함되어 있다. 특이한 점은
시조 몇 수로 표시되던 제목이 고시조삼수라 바뀐 것으로, 전통적인 형식임을 제목에서부
터 드러내고 있다.

개창기에서 일제강점기까지 근대 제도와 일상생활

시에 근접한 시가들을 살펴보면 1933년에 발행된 『中等教育朝鮮語及漢文讀本』 권1에 '五 빗소리', '三一 물방아'이고 1933년에 발행된 『中等教育朝鮮語及漢文讀本』 권2의 '四 봄비', '一八 風景', '二二 새해에'이다. 제목에서 제시하고 있듯이 내용은 거의 자연물로 한정되어 있었다. 이는 주제적인 측면에서 자유롭지 못했으며 근대시에서 개인적인 정서를 다룬 한정된 미적 가치만 「조선어독본」에 수용되었음을 보여준다.

빗소리

비가옵니다.
밤은고요히깃을벌리고,
비는뜰우에속새깁니다.
몰래짓거리는병아리같치.

이지러진달이실날같고,
별에서도봄이흐르듯이,
따뜻한바람이불드니,
오날은이어두운밤을비가옵니다.

비가옵니다
多情한손님처럼비가옵니다.
窓을열고맞으랴하야도,
보이지안케속새기며비가옵니다.

비가옵니다.

뜰우에簷밖에집웅에,

남모를깃분消息을

나의가슴에傳하는비가옵니다.

'빗소리'는 주요한이 '폐허이후(1923)'에 발표한 작품으로 저자가 표시되어 있지는 않다. 근대시의 형식을 지닌 '빗소리'는 우선 연과 행이 분리되고 자유운율이 사용된 것을 보여준다. 이전의 신시나 전통적인 시가들이 정해진 운율의 형식미로 수용되었다면 자유로운 운율의 형식미가 「조선어독본」에 수용된 것이다. 특히 이후에 근대시의 형식을 지닌 시가들이 거의 연과 행을 구분하는 형식을 지키고 있다.

표현적인 측면에서도 반복법, 도치법, 비유법, 감정의 이입 등 근대 문학의 표현기법이 보임을 알 수 있다. 단순히 형식적인 면만 수용된 것이 아니라 자유시가 지니고 있던 주체, 감정, 표현기교 등 모든 면이 수용되었다. 또한 내용면에서 도덕적 가치와 구분되는 미적 가치만을 표방한 시였다. 특히 감각적 형상화가 탁월한 면을 보이는 시로 비가 오는 현상을 이미지를 통해 감정적으로 전달하고 있다.

'빗소리'는 자연물을 주제로 하여 개인적 감정을 이미지로 전달한다는 점에서 정숙미를 표방하고 있다. '漂衣'의 정숙미는 사실에 대한 내용이 대부분이며 개인적 정서가 마지막 행에 제시되어 있는데 반해 '빗소리'는 감정적 형상화가 처음부터 끝까지 이루어지고 있다. 즉 전달방식에 있어서 사실전달의 방법보다는 문학적 표현을 통한 정서적 전달을 하고 있다. 풍부한 문학적 기교를 통해 드러나는 정숙미는 '쾌'

라는 미적 판단을 개인적이고 감정적으로 이끌어내고 있다. '빗소리'가 지니는 미적 가치는 다른 가치들에 기대지 않고 이루어져 있으며 또한 독립적인 영역에 속해 있다.

　1933년판 「조선어독본」의 근대시는 도덕적 목적보다 문화적 목적을 위한 텍스트임을 확인할 수 있다. 이 시기부터 중등교육에서는 미약하나마 '글쓰기 모델'로의 문학이 아닌 '예술로서의 문학' 교육이 가능했을 것이다.

　봄비

봄비에바람처실같치휘날린다.
終日두고뿌려도그칠줄모르노네.
묵은밭새옷입으리니오실대로오시라.

목마른가지가지단물이오르도록,
마음껏뿌리소서수며드소서.
말랏든뿌리에서도새싹날가합니다.
山에도나리나니들에도뿌리나니,
山과들에오시는비내집에는안오시랴.
아이야터알갈아라꽃심을가하노라.

개고리잠깨여라버들개지너도오라.
나비도꿀벌도온갓생물다오너라.

단봄비이제오나니마중하러갈거나.[45]

風景

잿빛우에가로세로붉은문의도친
大理石으로만든동그란테-블이,
書齋한모통이에서낡은壁을의지하야,
倦怠의다리를쉬이고잇다.
눈빛같치하얀테-블클로드우에,
조고마한靑磁色꽃瓶이하나,
그앞에는커다란册한卷이,
三分의一이나펴진채로가만이누어잇다.
바람이半만열린窓門으로자최업시들어와,
부들업고香氣로운손으로꽃송이를만지며,
소리업시册장을한두페-지넘길때,
차듸찬달빛이꿈과도같치,
테-블을向하야스르르눈감고잇는
젊은이의얼골을그윽히비추인다.

『中等敎育朝鮮語及漢文讀本』권2에 수용되어 있는 시가 '봄비'와 '風景'이다. 위의 빗소리와 마찬가지로 자유운율, 연과 행의 구분, 다

---

45 『中等敎育朝鮮語及漢文讀本』 권2, 조선총독부, 1933, pp.10~12.

양한 표현기법이 등장한다. 주제적인 측면에서도 교육적인 측면이 보이지 않는다. '風景'의 주제는 자연물에 대한 개인적 정서가 아니다. 테이블에 앉아 있는 젊은이와 이를 둘러싼 풍경에 대한 것이다. '風景'은 자연상관물을 통해 미적 가치를 형성하거나 정서적 전달이 이루어지지 않고 직접적 묘사를 통해 미적 판단을 생성한다. 시선의 이동에 따라 묘사되는 이미지들이 연속적으로 제시되며 풍경을 멀리서 바라보고 있는 관조미를 보이고 있다. 풍경을 바라보는 화자의 감정과 태도 그 자체가 하나의 독립적인 미적 판단을 이끌어내고 있다.

근대적 시가들이 「조선어독본」에 등장하는 시기는 문학의 장에서 근대적 시가들이 왕성하게 향유되고 있던 시기로부터 대략 10여 년 뒤에 수용된다. 이러한 측면은 창가의 경우 1911년판에 등장하고, 1918년, 1924년판에는 신시가 등장하고 1933년판에는 자유시가 완전히 정착하는 형태를 보이는 것에서 알 수 있다. 따라서 정전에서 새로운 근대의 시가를 수용하는 데 있어서 그 근대 시가의 형태가 문학의 장에서 완전하게 살아남았을 때 가능하다는 점을 보여준다.

일제의 교육당국은 '충량한 국민'을 양성하는 것이 목적이었고 이에 따라 초기 「조선어독본」의 문학텍스트들은 그 접점을 전통적 시가에서 찾았다. 이로 인하여 문학의 미적 가치들은 독립적인 영역을 지니고 있음에도 불구하고 '선'을 드러내는 장치로 전락되었다. 그러나 근대 한국 문학의 장에서 살아남은 문학의 미적 가치들이 10~20년 뒤에 「조선어독본」에 안착하게 되었고, 1920년대를 지나면서 서서히 교육적 목적이 배제된 독립적인 문학의 미적 가치들이 자리 잡기 시작하였다.

이러한 변화과정은 「조선어독본」의 미적 범주가 확장되어 가는 과정을 보여준다. 즉 형식미로는 정형운율과 자유운율까지 그 미적 범주로 설정할 수 있으며 내적인 미적 가치로는 전통적 형식인 절대미, 정숙미가 교육당국에 의해 승인됨에 따라 여러 위계를 가지는 절대미 혹은 정숙미도 배열되었으며, 근대의 개인적으로 형상화되는 여러 미적 가치들 가운데 정치적·사회적 색채를 띠지 않는 가치들이 포함되었다.

4. 결론

한국은 1894년 갑오경장을 통해 근대식 교육으로 전환하였지만 교육제도의 완성은 일제강점기에 이르러서야 가능했다. 제도적 측면에서 교육의 문학텍스트는 일제강점기의 「조선어독본」이다. 식민지 한국에서 교육의 당국은 조선총독부였고 조선총독부에서 시행한 조선교육령은 한국 내 모든 교육을 총괄하는 것이었다. 조선교육령은 한국인의 교육에 있어 단순 기능인 내지 忠良한 국민양성을 목표로 하였다. 조선총독부는 합법적인 경로인 공교육을 통해 전국적인 압박이 가능하였다. 이러한 조선교육령의 하위에 놓여있는 「조선어독본」은 지배권력의 의도대로 교육할 수 있는 텍스트였다. 따라서 「조선어독본」의 문학텍스트들도 기본적으로 지배 이데올로기를 포함하고 있다.

「조선어독본」의 문학텍스트들은 초기 전통적 가치들을 수용하고 이를 도덕적 가치를 전달하는 장치로 사용하였다. 그러나 점차 근대적인 문학텍스트가 「조선어독본」에 안착됨에 따라 근대의 미적 가치들이 「조선어독본」에 포함되어 지속되었다. 「조선어독본」에서 수용한 전통의 미적 가치는 절대미, 정숙미를 발견할 수 있으며 근대적인 미적 가치들도 정치적·사회적 색깔을 지닌 것을 제외하고 수용되었다.

「조선어독본」은 근대 한국 문학의 장에서 살아남은 미적 가치들을 10~20년 뒤에 수용함으로써 점차 그 미적 범주를 확장하는 모습을 보인다. 「조선어독본」이 지닌 미의식은 근본적으로 일제 교육당국이 원하는 '충량한 국민'이 될 내용이었지만 이에 그친 것이 아니라 근대적인 미적 가치도 수용하였기 때문에 다양한 미적 가치를 배경으로 하는 미의식을 지님으로써 수용자에게 문학정전으로서의 역할을 수행하였다.

요약하자면 「조선어독본」이 표방하고 있는 문학의 기준은 형식적인 면에서 전통적인 정형운율부터 근대적인 자율운율까지 포함하고 있으며 내용적인 면에서는 전통적인 미의식과 더불어 근대의 개인적인 미의식을 포함하고 있다. 따라서 피교육자는 「조선어독본」을 통해 문학의 양식에 대한 형식적 범주와 내용적 범주를 습득하고 이를 기준으로 '문학성'을 인식하게 된다. 「조선어독본」이 표방하고 있는 문학의 '문학성'과 형식적, 내용적 범주는 피교육자에게 문학의 기준과 범주를 인식시켜주는 기제로 작용하였으며 이는 근대문학의 미적 범주와 미적 가치를 이해하고 배양할 수 있는 기본적인 토대로 작용했을 것이다.

「조선어독본」의 문학텍스트에 대한 미의식 연구는 교육정전에서 근대이전의 텍스트들이 지닌 초감각적인 미적 가치가 의식에 직접적으로 작용하는 근대의 미적 가치로 변용되는 과정을 보여준다.

참고문헌

『教育時論』

『高等朝鮮語及漢文讀本』

『普通學校朝鮮語及漢文讀本』

『普通學校朝鮮語讀本』

『時事評論』

『中等教育朝鮮語及漢文讀本』

강진호, 「'조선어독본'과 일제의 문화정치」, 『상허학보』 제29집, 상허학회, 2010.

김경미, 『한국 근대교육의 형성』, 혜안, 2009.

김한종, 「조선총독부의 교육정책과 교과서 발행」, 『역사교육연구』 제9호, 2009.

김혜련, 「제1차 조선교육령기 『보통학교조선어급한문독본』 수록 제재 연구」, 『돈암어문학』 제23집, 2010.

김혜정, 「일제 강점기 '조선어 교육'의 의도와 성격」, 『어문연구』 통권119호, 2003.

논장 편집부엮음, 『미학사전』, 논장, 1988.

류근조, 「한국 현대시의 구조적 연구」, 단국대 박사논문, 1982.

박선영, 「'조선어과 교과서' 수록 詩歌의 식민 이데올로기」, 『한국시학연구』 제29호, 한국시학회, 2010.

박승관, 「日帝强占期 3차 조선교육령(1938년도)의 시행과 성격」, 국민대 석사논문, 2008.

백철, 『新文學思潮史』, 신구문화사, 2003.

오성철, 『식민지 초등 교육의 형성』, 교육과학사, 2000.

윤종혁, 『근대이후 한국과 일본의 학제 변천 과정 비교 연구』, 한국학술정보, 2008.

장신, 「조선총독부 학무국 편집과 교과서 편찬」, 『역사문제연구』 제16호, 역사문제연구소, 2006.

주동률, 「예술과 도덕의 관계」, 『현대의 예술과 미학』, 서울대출판부, 2007.

최경석, 「미적 가치의이론」, 『미학의 문제와 방법』, 서울대출판부, 2007.

허재영, 『일제강점기 교과서 정책과 조선어과 교과서』, 경진, 2009.

앨런골드만 저, 김정현 역, 「예술작품의 평가문제」, 『미학의 문제와 방법』, 서울대출판부, 2007.

잡지『博文』의 〈出版토픽〉 연구

장두식_단국대학교 동양학연구원 연구교수

1. 서언

1938년부터 1941년까지 총 23호가 발행된 잡지『博文』은 최초로 발간된 순수 수필잡지로 논의되고 있다.[1] 이는 "박문서관 기관지인 동시에 각계인사의 수필지로서 탄생"하였다는 창간사와 함께 지면 배치의 대부분을 경수필과 중수필로 꾸미고, 창간호에서 종간호까지 총 211편의 수필이 수록되었다는 점에서 타당하다.

하지만『博文』은 단순한 수필잡지가 아니었다. 창간사에서 읽을 수 있듯이『博文』은 당대 출판문화 시장에서 중요한 위치를 차지하고 있던 박문서관의 기관지였던 것이다.『博文』이 창간된 1938년은 만주사변과 중일전쟁을 일으킨 일제의 군국주의 정책에 의해서 한국의 산업계는 대부분 위축될 수밖에 없었고 출판문화계 또한 그러했다. 1920년에서 1936년까지 창간된 종합잡지 수가 83종이었는 데 비해 1937년에서 1945년까지 창간된 종합잡지 수가 8종이었다는 사실이 이를 확인해 준다.[2] 특히 1936년 8월 손기정 선수의 일장기 말소 사건으로『신동아』가 폐간되는 등 출판문화계가 일제의 직접적인 탄압과 통제를 받던 시기였다. 박문서관이 기관지를 창간한 배경은 당대 출판문화의 성격과 밀접한 관련하에서 살펴보아야 한다.

그동안『博文』에 대한 연구는 일천하다. 최이안이 중수필 성격의「한국 최초의 수필잡지 <박문>」에서 서지적인 사항과 수록 수필의

---

1 최이안,「한국 최초의 수필잡지 <박문>」,『수필학』13집, 2005, pp.227~228.

2 김봉희,「일제시대의 출판문화-종합잡지를 중심으로」,『일제 시기 근대적 일상과 식민지 문화』, 이화여대출판부, 2008, p.205.

작품론을 살핀 것이 유일하다.[3] 이 글은 『博文』의 출판문화사적인 의의보다는 수필전문잡지라는 점에 초점을 맞추어 기술되어 있다. 그런데 이 글에서도 당시 잡지들이 대부분 오래가지 못했으나 『博文』이 2년여 동안 몇 번을 제외하고 매월 발행된 것은 박문서관의 기관지였었기 때문이었다는 점을 지적하고 있다.[4] 즉 『博文』은 서적 대중화의 산물이다. 일제강점기 한국의 서적 대중화는 전대 도입된 인쇄기술의 발달, 출판사의 활성화, 도·소매 유통체계 및 교통·통신망의 발달 등에 의해서 이루어졌다.[5] 근대 교육의 정착과 근대 독자의 성장 또한 서적 대중화의 중요한 요인이었다.

이 글은 『博文』이 일제강점기 말기의 출판문화 상황과 직접적인 관련을 맺고 있는 매체임에 주목하였다. 특히 잡지의 후반부에 〈街頭手帖〉·〈映畵街〉·〈劇場通〉·〈音樂室〉·〈出版토픽〉·〈靑色포스트〉·〈編輯室 日記抄〉·〈編輯部 通信〉 등과 같은 고정란이 있어 당대 문화계 상황을 정리하고 있다. 그 중에서 〈編輯部 通信〉과 〈出版토픽〉이 출판문화 소식을 알려주는 공간이었다. 〈編輯部 通信〉이 주로 자사 서적 정보를 제공하는 공간이라면 〈出版토픽〉은 자사 서적과 함께 출판문화 전반의 소식을 알려주는 공간이었다. 하지만 〈出版토픽〉은 단순한 소식을 전해주는 공간이 아니었다. 즉 박문서관의 기관지 『博文』의 성격을 여실히 보여주는 자사 출판물의 홍보과

---

3 최이안, 앞의 책.
4 위의 책, p.247.
5 김봉희, 앞의 책, p.199.

광고의 공간이었다.

이 글은 『博文』의 <出版토픽>을 통하여 당대 출판문화 사정을 고찰하고자 한다.

2. 『博文』이라는 월간 잡지

1) 30~40년대 출판계 사정

한국의 민간출판사들은 대부분 소매서점이나 도매서점을 겸했다. 소매서점으로서 이들 출판사는 서점 내방객에게 직접 서적을 판매하였고 지방의 구매자들에게는 진체구좌를 통해 우편으로 판매를 하였다. 자사 출판서적 외에 다른 출판사의 서적도 판매를 하였다. 점차 지방의 소매서점들이 늘어가면서 출판 유통망도 정비되었다.[6] 또한 한글맞춤법 통일안 제정(1933)과 이기영의 「故鄕」(1933), 강경애의 「人間問題」(1934), 김남천의 「大河」(1939)와 같이 본격적인 장편소설roman 이 생산되는 등 한국어문학이 심화 발전되던 시기였다. 이러한 문화 변동은 근대독자들을 성장시켰고 인쇄·출판업은 상업적인 이익이 남는 사업으로 발전하였다.

하지만 1930년대 들어오면서 일제는 언론·출판계에 대한 통제를 더욱 강화하였다. 1938년 5월 칙령 제316호 국가총동원법을 한국에

---

6 방효순, 「일제시대 민간서적발행활동의 구조적 특성에 관한 연구」, 이화여대 박사논문, 2001, p.26.

서도 전면 시행하였다. 그리고 불온문서 임시 취체법에 대응하는 조선 불온문서 임시 취체령을 제정하였다. 1941년에는 일본의 언론·출판·집회·결사 등 취체법에 대응하는 조선임시보호령도 제정되었다. 이 법령은 제9조와 11조 등에 규정하고 있듯이 행정관청이 필요하다고 인정하는 때에는 언제든지 신문지 기타의 출판물의 발매 및 반포 금지와 압수 그리고 인허가 취소를 할 수 있게 되었다.[7] 이렇듯 30년대 후반기 이후 한국에서의 모든 언론과 출판은 일제의 정책에 따를 수밖에 없었다.

신문, 잡지의 위축은 문예의 위축을 불러왔다. 그리하여 출판계는 새로운 활로를 모색하게 되는데 그중에 하나가 전집의 발간이었다. 최초의 전집은 1937년 박문서관에서 발간된 『현대걸작장편소설전집』이었다. 이 전집은 작품선정이 자의적이고 상업적인 의도가 강하게 개입되어 있지만 당시의 시대상황 속에서 상당히 정성을 들인 선집이었다. 때문에 상업적으로 성공하였다.[8] 박문서관에서는 계속 『신찬역사소설전집』과, 1940년에는 『신선 역사소설전집』을 간행하였다. 조선일보사에서도 1938년에 『조선아동문학집』, 『여류단편걸작집』, 『신인단편걸작집』을 발간하였고, 한성도서에서는 1938년에서 1939년에 걸려 『현대장편소설전집』을 발간했다. 조광사도 1938년에 『현대조선문학전집』, 1940년에 『현대조선여류문학선집』, 『신선문학전집』, 『조선야담전집』 등을 발행했고, 동광당 서점은 1940년

개화기에서 일제강점기까지 근대 제도와 일상생활

---

7 김창록, 「일제강점기 언론·출판법제」, 『한국문학연구』 30집, 2006. 6, pp.304~307.
8 강진호, 「한국 문학전집의 흐름과 특성」, 『돈암어문학』 제16집, 2003. 12, pp.358~359.

『박용철전집』을 발간하였다. 중일전쟁의 발발과 전시 동원체제로 일제가 한국사회를 옥죄이던 상황 속에서 문학 전집이 풍성하게 발간이 되었다는 것은 상당히 역설적이다. 이러한 전집 출판 붐은 민족의 얼과 말을 지키고자 하는 지사적 열정과 관계되어 있다고 볼 수 있으며[9] 동시에 당시 극도로 위축된 출판계에서 새로운 활로를 모색한 결과로 이해할 수 있다. 또한 전집 출판 붐을 통하여 성장을 거듭했던 한국의 근대 출판 자본이, 어느 정도 자생력을 가지고 있었음을 읽을 수 있다.

그러나 태평양 전쟁과 일제의 전시체제 정책 속에서 대부분의 출판사들은 친일적인 출판물을 내어 놓아야 했다.

2) 『博文』 탄생의 산파─盧益亨

월간지 『博文』이 탄생하는 데 주동 역할은 한 것은 노익형(1884~1941)이다. 출판 자본가는 단순히 책을 독자들에 전달하는 수동 공급책에 머물지 않는다. 출판시장에 내놓을 텍스트, 판매부수, 장정과 가격 등 출판의 모든 부분이 그의 의지에 의해서 결정이 된다.[10] 월간잡지 『博文』의 발간도 박문서관 사주 노익형의 선택이었다고 볼 수 있다.

1907년 박문서관을 시작한 노익형은 처음에는 민족주의적인 성향을 보였다. 대한제국 시기 양기탁, 주시경, 이준 등과 가까이 지냈고 주

---

9 위의 책, p.360.

10 김종수, 「일제강점기 경성의 출판문화 동향과 문화서적의 근대적 위상─漢城圖書株式會社의 활동을 중심으로」, 『서울학연구』 제35호, 2009. 5, pp.248~249.

시경이 교사를 맡았던 상동교회의 상동청년학원 설립에 찬조금도 내었다. 1907년 주시경의 순한글 번역본 『월남망국사』를 출판했으며, 1938년에는 우리 역사상 국어사전인 문세영의 『朝鮮語辭典』을 출판하기도 했다.[11] 문세영은 「조선어사전」 발간이 우여곡절을 겪었지만 노익형의 노력 때문에 사전을 내게 되었다고 '恩人'이라고 칭송하고 있다.[12]

그는 빈한한 집에서 태어나 일곱 살 때 육의전六矢廛의 하나인 저포전苧布廛의 사환으로 사회에 첫발을 내디뎠다. 육년을 사환으로 일하다가 이어 남대문 물산객주의 거간 노릇을 하다가, 삼백 원이란 자금으로써 박문서관博文書館이란 상호를 걸고 서적상을 시작하였다. 이는 전통적인 상업을 하다가 이문이 큰 출판업으로 전환한 회동서관, 신구서림, 영창서관과 비슷한 경우였다.[13] 이렇듯 당대 서적상과 인쇄출판분야는 상리를 챙길 수 있는 유망한 분야였다. 박문서관도 당대 일반 대중들의 독서욕망이 비등하여 성공가도를 달리다가 월간잡지 『公道』 발행과 한일강제병합으로 영웅전英雄傳과 같은 사상서적을 압수 당함으로써 큰 손실을 보았다. 『公道』는 교육·종교·사회개혁을 사시社是로 한 종합지로 1914년 10월 16일 창간하였다. 사장은 申興雨였고, 편집 겸 발행인은 姜邁였다. 정론 종합지를 표방한 『公道』은 운영난으로 결국 1915년 3월 10일에 통권 5호로써 종간되었다. 그는 이러한 위기를 슬기롭게 극복하고 대동인쇄소와 박문서관으로 십수 만

---

11 최경봉, 『우리말의 탄생』, 책과함께, 2005, p.268.
12 「조선어사전 완성-저자 문세영씨 방문기」, 『朝光』, 1938. 9, 위의 책, 재인, p.247.
13 김종수, 앞의 책, p.256.

원의 부를 일구어 대사업가가 되었다.[14] 그의 이러한 성공은 근대적인 시장논리에 정통했기 때문이었다.

그런데 그는 일반 민족문화에 대해 관심이 깊은 문화 사업가였다.

「… 처음으로 出版한 書籍은 무엇이었읍니까?」, 「지금은 머이야기 할 自由들이 없는 書籍이었읍니다.」 -중략- 「그후말슴이요? 그후 엔 春香傳, 沈淸傳, 玉樓夢, 劉忠烈傳 그저 이런 것들이었읍니다.」, 「그래 그런것들이 잘 팔녔읍니까?」 「잘 팔니구 말구요 지금도 잘 팔니지요 예나 이제나 같습니다. 春香傳, 沈淸傳, 劉忠烈傳 이 셋 은 農村의 敎科書이지요.」 -중략- 「아니올시다. 春園은 잘 팔닙니 다. 다 重刊이 됐지요. 廉想涉氏 것은 잘 이상하게 안팔립니다.」 - 중략- 「그러면 일반적으로 아직도 舊小說類가 잘 나가는 형편이 구녀」 「그렇습니다. 원체 一般의 수준이 그런 文藝小說을 理解를 못하니까요.」하고 痛嘆을 할 일이라는 듯이 입을 한번 다신다. 「그 러면 앞으로 文藝方面의 서적은 出版할 의향이 없으십니까?」 「웨 없어요. 하겠습니다. 지금까지 어디 우리집에서 冊같은 것을 하나 이나 出版해보았읍니까? 앞으로는 文藝小說類에 주력하겠습니 다.」[15]

위의 인용은 『朝光』지의 "出版業으로 大成한 諸家의 抱負"라는

14 「赤手空拳으로 成功한 商界人物」, 『삼천리』 제7권 제8호, 1935. 9. 1, pp.198~199.
15 「출판문화의 전당 박문서관의 업적」, 『朝光』, 1938. 12, pp.313~314.

기획에 실린 내용이다. 이 기획은 출판업을 통하여 부를 축적한 사업가-博文書舘 盧益亨, 永昌書舘 姜義永, 德興書林 金東縉-를 탐방하여 성공의 과정과 포부를 확인하는 목적을 가지고 있었다. 당대 한국에서 출판업이 매우 유망한 업종임을 보여주는 기획이라고 할 수 있다. 인용에서 보면 박문서관이 애국계몽기 소설을 주로 출간하다 일제 강점으로 낭패를 보았고, 춘향전과 같은 구소설류 출판으로 많은 이익을 남겼음을 알 수 있다. 이광수의 소설은 이익을 보았는데 이상하게 염상섭 소설과 같은 문예소설은 이익보다는 손해를 보았다고 털어놓고 있다. 하지만 계속해서 문예소설류 출간에 주력하겠다고 말하고 있다. 잡지 인터뷰에서 나온 말이지만 손해를 보더라도 문화발전에 일익을 담당하겠다는 포부를 밝히고 있는 것이다. 출판 사업에 임하는 자세를 읽을 수 있다. 그는 문세영의 『朝鮮語辭典』 출간이 희생적 출판이었다고 토로하면서도 처음으로 양심적 출판을 한 것에 만족한다고 밝히기도 했다.[16] "지금까지 어디 우리집에서 책 같은 것을 하나이나 출판해 보았습니까?"라는 진술 속에서 그의 출판 사업이 상업적인 이익만을 추구하는 사업이 아님을 보여주고 있다.

> 博文은 조고마한 雜誌이외다. 이 雜誌는 博文書舘 機關誌인 同時에 各界人士의 隨筆誌로서 誕生된 것입니다. 이 雜誌의 使命이 점점 커지는 때에는 이 雜誌 自信도 점점 자라갈 것입니다. 우리는 이

---

16 위의 책, p.314.

조고마한 책이 점점 자라나서 半島 出版界에 큰 자리를 차지할 때
가 速히 오기를 기다립니다. 그리고 앞으로 더욱 이 誌面을 光彩 있
게 꾸며 갈 것을 여러분께 約束합니다.[17]

『博文』의 발간사에서는 "반도출판계에 큰 자리를 차지할 때"를 기
약하고 있다. 이는 노익형이 출판 사업에 거는 기대를 담고 있다. 월
간 잡지『公道』발행으로 많은 손실을 보았음에도 불구하고 다시『博
文』을 발간하였다는 점이 주목된다.『博文』은 박문서관의 자체 광고
와 홍보를 목적으로 창간되었지만, 종합잡지들의 폐간과 종간으로 지
면이 없어진 문인들에게 활로를 제공하고 출판정보와 문화정보를 제
공하면서 민족 문화 사업을 심화시키려는 포부가 담겨 있었던 것이다.
하지만 일제강점기라는 상황은 노익형의 포부를 제대로 펼칠 수
없게 만들었다. 그는 1941년 1월『博文』을 종간한 직후 곧바로 친일
잡지『新時代』를 발간하였던 것이다.『新時代』는 창간호의 연두사에
서 "본지의 창간도 황국皇國의 중대 시국을 돌파 정복함에 일호의 가
치라도 있어지기를 힘쓰고, 홍대하옵신 황은皇恩의 만의 하나라도 봉
답하기를 서원誓願하옵는 바입니다"라고 밝혔듯이 군부의 지시로 창
간부터 전쟁협력, 전쟁교육열의 고취에 열중한 잡지였다.[18] 노익형의
본격적인 친일행위는 길지 않았다. 그해 12월 9일 세상을 떴기 때문
이다.

---

17 博文發刊辭,『博文』第一輯, (昭和 13년 10월 1일), 1938. 10, p.32.
18 친일인명사전편찬위원회,『친일인명사전』친일문제연구총서 인명편 1, pp.761~762.

3)『博文』의 성격

『博文』의 편집자는 개벽사의 잡지『학생』,『어린이』편집을 담당했던 아동문학가 崔泳柱(1905~1945)였다. 그는 1938년 박문서관 출판부에 입사하여 장편소설 전집 편집을 담당하였는데 1938년 10월 창간한『博文』의 편집을 담당하였다.

『博文』은 1938년 10월부터 1941년 1월까지 발행되었다. 그런데 1938년 4월, 11월, 1940년 5월, 9월, 11월 격월간으로 발행되어 통권은 23호였다. 잡지의 크기는 국판이었고 통권 11호까지 32쪽으로 발행되다가 12호는 50쪽, 13호와 14호는 28쪽이고 15호부터 종간호까지는 24쪽으로 발행되었다. 가격은 5전이었다.[19]

발간사에도 나와 있듯이『博文』은 박문서관의 기관지이자 수필전문 잡지였다. 잡지의 대부분의 지면은 수필로 채워져 있고, 잡지의 후반부에 <街頭手帖>, <映畫街>, <劇場通>, <音樂室>, <出版토픽>, <靑色포스트> 등과 같이 문화정보를 알려주는 난과 자사 출간 서적 정보를 알려주는 <編輯室 日記抄>와 <編輯部 通信> 그리고 광고가 배치되었다.[20] 그런데 본문의 지면을 많이 차지하고 있는 수필 작품들의 비중과 <出版토픽>, <編輯室 日記抄>, <編輯部 通信>과 같은 출

---

19 최이안, 앞의 책, p.229.

20 창간호 목차를 살펴보면 이태준 「作品愛」, 김남천 「讀書」, 이희승 「淸秋數題」, 이극로 「語文整理와 出版業」, 김문집 「정치와 조선문학」, 김진섭 「殺人書秘話」, 심형필 「疑問의 因果則」, 이병기 「若干御製에 對하여」, 이병도 「하멜 漂流記에 對하여」, <거리의 手帖>(5호부터 街頭手帖으로 변경), <映畫街>, <劇團通>, <出版토픽>, <靑色포스트>, <編輯日記抄>(본문은 編輯室日記抄), <出版部通信>, <博文發刊辭>와 같다. 이러한 형태는 큰 변화 없이 종간호까지 유지된다.

판정보와 서적광고의 비중은 엇비슷했다.

수필은 매호마다 10여 편 내외가 실렸는데 종간호까지 총 211편이 실렸고 필자는 100명이었다. 그리고 이광수의 詩「弔朴龍喆君」과 김소월의 詩「진달래꽃」과 박종화, 박영희, 현진건, 채만식, 이태준의 소설 중 일부를 발췌해서 실었고 이성표의 콩트도 실려 있다.[21] 이러한 구성을 보면 『博文』은 수필전문지임이 확실하다.

창간호에 게재된 광고를 살펴보면 앞표지 내면에 이광수의 장편소설 『無情』의 광고가 있다. 독자의 주목성이 높은 이 면에는 "조선문단의 대기념비—불후의 명작 영화화"와 같이 『無情』이 영화화 되는 것을 주 내용으로 하고 있다. 그리고 박문서관의 『優良大全科』(9쪽), 童話社의 崔仁化편 『世界笑話集』(11쪽), 朝鮮敎育硏究會의 『全鮮中等學校 入學試驗問題集』(13쪽), 靑色紙社 金文輯 評論集 『批評文學』(23쪽), 박문서관 旣刊 도서광고(24~25쪽), 박문서관의 春園의 소설(31쪽), 박문서관의 염상섭 장편소설 『사랑의 罪』(35쪽), 박문서관의 文世榮 『朝鮮語辭典』(뒤표지) 광고가 실려 있다. 『博文』에 실린 광고는 모두 서적광고인데 이는 독자들에게 출간서적에 대한 정보는 제공해주는 역할을 하고 있다.

그리고 문화정보를 제공해주는 〈거리의 手帖(5집부터 街頭手帖)〉은 "요지음 서울의 거리는 茶房의 洪水時代! 그러나 店員의 不親切이 눈에 거슬려!"(1집), "이즘 여성들의 머리쪽처럼 奇異한 存在는 없다"(9집), "하이킹이 盛行한다"(10집), "二重過歲는 이미 해소된 문제려니 하

21 최이안, 앞의 책, p.228.

였드니 서울거리는 의연 구정기분에 휩싸여있다"(15집), "奢侈後品 禁
止로 거리가 수선수선"(20집)과 같이 당시 서울의 풍물을 스케치하고
있다. 그런데 이 난도 "출판계 活況을 報를 선전하는 이 많다"(5집)나
尹石重의 동요생활 이십년을 축하하는 『童謠의 밤』 소식(6집) 등과
같이 출판이나 문학관계 정보들을 담고 있다. 그리고 문인들의 동정
을 전하는 <靑色포스트>²²와 <文壇往來>²³ 난이 있었다.

    그리고 영화계 소식을 전하는 <映畵街>²⁴와 연극계 소식을 전하
는 <劇場通>,²⁵ 음악계 소식을 전하는 <音樂室>,²⁶ 미술계 소식을 전
하는 <아토리에>,²⁷ 학술계 소식을 전하는 <學藝春秋>,²⁸ 新聞街 소
식을 전하는 <輪轉機>,²⁹ 그밖에 <寸聞寸感>,³⁰ <四季寸感>³¹ 등이
있었다.

    『博文』이 박문서관의 기관지임을 보여주는 난은 <編輯室 日記抄
>와 <編輯部 通信> 그리고 <出版토픽>이다. <編輯室 日記抄>와 <
編輯部 通信>은 주로 자사의 출판서적을 소개하고 있는데 1집에서
23집까지 빠지지 않고 실려 있다. 그리고 <出版토픽>은 자사의 주력

---

22 1집~23집.
23 21집, 22집.
24 1집~7집, 11집, 15집, 17집~19집, 20집은 映畵春秋.
25 1~4집. 3집은 演劇通.
26 2집, 5집~8집, 10집은 音樂街, 13집~14집, 16집, 19집.
27 7집~9집.
28 12집, 14집.
29 13집.
30 21집.
31 23집.

개화기에서 일제강점기까지 근대 제도와 일상생활

서적이나 타 출판사의 화제작을 소개하고 있다.

　이렇듯 『博文』은 당대 대표적인 문인들의 경수필과 중수필 작품을 게재하는 수필전문잡지면서 동시에 박문서관의 서적을 홍보하는 기관지 성격을 가지고 있었다.

3. <出版토픽>이 만든 출판계 토픽

　<出版토픽>은 당대 출판계의 빅뉴스를 전하는 난이라고 할 수 있다. 그런데 이 속에는 박문서관의 서적에 대한 소개가 대부분을 차지하고 있다. 이는 <出版토픽>에 자사 발간 서적의 홍보를 위한 목적도 있었다고 할 수 있다. 즉 토픽을 전하는 것이 아니라 토픽을 만들어 내는 <出版토픽>의 성격을 가지고 있었던 것이다.

　박문서관에서 발행한 이광수의 『사랑』에 대한 <出版토픽>의 내용을 살펴보면 이를 확인할 수 있다.

　　①『사랑』(春園作). 現代 傑作 長篇小說 全集 第一回 配本은 春園作 『사랑』으로 十月二十日頃에 나온다.(1938. 10. 1집)

　　②『사랑』(春園作). 目下 發賣中. 『사랑』은 春園이 비로소 처음으로 시험한 가끼오로시며 또한 春園의 人生觀과 世界觀이 가장 明確하게 나타난 그야말로 春園 一生一代의 心血을 傾注한 巨篇으로 到處마다 人氣! 人氣! 大好評!(1938. 11. 2집)

　　③『사랑』(春園李光洙著) 全集의 第一配册으로 發賣된지 二週도 못

되어 初版二千部가 賣盡될 형세. 가는곳마다 『사랑』이 話題! 『사랑』好評!(1938. 12. 3집)

④ 『사랑』脚色上演

劇研座에서는 春園의 『사랑』을 脚色上演키로 內定하였다는 消息이 있다. 脚色은 新進戲曲作家 韓相稷君. 演出은 元老 柳致眞氏로 內定되어 方今 銳意 그 準備를 進行하고 있다고 한다. 『사랑』의 人氣를 可히 이것으로 짐작할수있다.

春園의 作品으로 無情이 映畵化되었으나 戲曲化되는 作品은 이것으로 嚆矢일 것이다.

小說의 戲曲化는 外國만이 아니다. 朝鮮서도 예로부터 있던 事實이다. 그 가장 가까운 例가 저 有名한 『春香傳』이다. 『春香傳』은 이제와서는 『小說春香傳』의 面目은 全혀 사라지고 唱劇(?) 『春香傳』이 一般에게 알려져있는 터이다.

『사랑』의 戲曲化가 얼마만큼 成功할지 新進氣銳한 脚色家 韓君에게 期待가 크며 또 劇으로써 『사랑』이 얼마만큼 歡迎을 받을지 자못 興味가 甚大함은 筆者뿐이 아닐 것이다.

『사랑』一篇은 春園을 새로 크게 더 認識케한 名篇이나 劇研座에서 이 作品을 戲曲하려는 冒險-敢히 冒險이라고 쓴다-을 敢行하여주는데는 文壇과 劇壇과의 接近이라는 意味로서도 歡迎하며 敬意를 表하는 바이다.(1939. 2. 5집)

위의 인용을 보면 창간 1집에서 『사랑』이 『현대 걸작 장편소설 전집』 1회 배본으로 출간됨을 예고하고 있다. 2집에서는 『사랑』이 발매

되었는데 처음 시도하는 전작소설かき-おろし(가끼오로시)이며 춘원의 일
생일대 심혈을 경주한 작품, 인기, 인기, 대호평! 등의 광고 카피와 가
까운 글을 통하여 독자들의 관심을 이끌려고 하고 있다. 3집에서는
발간 2주도 안 되서 초판 2천 부가 매진될 형세로 성공을 미리 전제하
고 있다. 그리고 5집에서는 『사랑』의 연극화 소식을 자세히 전함으로
써 『사랑』을 출판계 화제로 끌어올리고 있다.

『출판토픽』의 이러한 성향은 『小波全集』 발간과정에도 동일하게
적용되었다.

> ① 어린이의 동무 小波方定煥先生의 童話全集이 이번 生前의 同
> 志였던 색동會 여러분의 손을 거처 刊行되기로 되었다. 生前에 그
> 가 발표한 童話와 美談의 全部를 編한 것으로 家庭讀物 兒童讀
> 物로 最上의 著書일 것이다. 限定版. 四六版 高級紙使用, 五百頁,
> 洋裝 美本으로 定價는 大略 二圓程度이다. 八月初체 發刊될 것이
> 다.(1939. 6. 8집)
> ② 小波 方定煥氏가 세상을 떠난지도 於焉 열해를 헤이게 된다. 열
> 해만에 氏의 親知諸氏의 손으르 그의 遺稿를 역은 全集이 刊行되
> 었다. 小波의 이름은 그가 主宰하던 兒童雜誌 『어린이』와 함께 세
> 상에 널리 알려있다. 처음으로 朝鮮에서 兒童의 個性과 人格을 擁
> 護하야 눈물을 뿌리며 絕叫하고 强調한 이가 그다.
> 「젊은이」에 대하야 『어린이』라는 새 名詞를 造作한 이가 方小波先
> 生이다. 「어린이날」의 創定 「少年運動의 先驅」- 三十三歲의 그의
> 짜른 一生은 오직 어린이를 위하고 섬기려는 赤誠과 情熱로써 가득

히 담겨있다.

그가 비로소 紹介한 가지가지의 西洋童話와 感激으로 執筆한 美談佳話하며 敎訓譚들은 확실히 不滅의 光彩와 永遠한 躍動을 가지고 있다. 「어린이」雜誌를 通하여 長成한 이들이 이제 各方面에서 보람있는 活動을 하면서도 小波를 못잊는 것은 確實히 小波의 컷음을 말하는 것이다. 그는 情의 人이요 德의 人이었다. 그리고 무섭게 뜨거운 人物이었다. 짜른 生涯였으나 그는 各方面으로 두렸한 存在를 빛냈던 人物이다. 話術로 童話家(口演)로 쩌너리스트로 또 少年運動者로 多角的 活動을 하였다.

그가 간지 十年. 十年동안 잊지 못하고 잊으려다 잊으려다 못잊고 나오는 그의 全集! 이것만은 確實히 오늘 우리 會社의 佳話中하나이다.(1939. 9. 11집)

③ 小波 方定煥氏의 遺作을 모은 『小波全集』이 이번에 上梓되었다. 책이 나오기도 前에 열권만 스무권만 하고 미리부터 請托이 들어오는 感激속에서 책이 나왔다.

○그가 生前에 쌓아논 德이 十年을 지난 오늘에도 가시지 않고 남아있음을 깨닫게 한다.

○確實히 萬卷을 팔수있다는 豫想을 가지고도 五百部限定本을 만든 苦衷도 苦衷이지만 朝鮮에 貴한 책이 한가지 나온것만도 숨길수 없다.

○校正보던 사람을 울리키는 小波의 名文이 十年동안이나 숨겨있었다는 것은 무슨까닭이었든가? 朝鮮의 出版世界가 좀더 能動的이 되어야한다.

개화기에서 일제강점기까지 근대 제도와 일상생활

○事變下의 出版界언만 조선말로된 時局的出版物이 十指를 넘지 못함은 무슨까닭인가?

○國語出版의 壓力에 늘려선가? 그것은 口實, 잠자는 出版界, 어여 머리를 움즉이라. 머리를 달리라.(1940. 6. 18집)

8집에서 方定煥 동화전집이 발간예정임을 예고하고 있다. 그런데 그 예정이 구체적으로 제시되고 있다. 색동회 회원들이 참여하고 사륙판 크기의 5백 쪽 한정판으로 발간되고 정가가 2원 정도라는 것을 명시하고 있는 것이다. 이것은 단순한 예고가 아니라 박문서관의 기획을 드러내는 것이라고 할 수 있다. 11집에서는『소파전집』발행과 방정환의 일화와 성과를 자세히 기술함으로써『소파전집』의 가치를 홍보하고 있다. 어린이라는 명칭을 만들고 어린이날을 만들고 동화가, 언론인, 소년운동가로서의 업적을 강조함으로써『소파전집』의 가치를 높이고 있는 것이다. 그리고 18집에서는『소파전집』이 책도 나오기 전에 미리 예약되고 있음을 전함으로써 서적 구매를 독려하고 있다.『소파전집』에 대한 <出版토픽> 글들은 앞에서 살핀 이광수의 『사랑』과 같이 자사의 작품을 토픽화하는 전략을 보여주고 있다.

그런데 "事變下의 出版界언만 조선말로된 時局的出版物이 十指를 넘지 못함은 무슨까닭인가?", "國語出版의 壓力에 늘려선가? 그것은 口實, 잠자는 出版界, 어여 머리를 움즉이라. 머리를 달리라."라는 구절에서 당대 출판사정을 여실히 보여주고 있다. 일제는 1938년 3차 조선교육령을 통하여 한국어와 한문 과목을 선택과목으로 만든 후 1939년 한국어수업을 사실상 폐지시켰다. 그 후 1940년『朝鮮日報』

와 『東亞日報』의 폐간과 1942년 조선어학회사건 1943년 4차 조선교육령에서 한국어과목 삭제 등 일련의 정책을 통해서 한국어 말살을 획책하였다. 이러한 한국어 말살정책이라는 일련의 과정이 담겨 있는 구절인 것이다. 이는 『소파전집』을 화제로 올려놓기 위한 노력 속에 당대 한국의 사회사정과 출판계 상황을 중첩시켜 놓은 것이다. 당대 출판계 토픽은 한국어 출판물을 출판할 수 없는 현실이 토픽이었다고 읽을 수 있다.

종이가 참말 없다.

某誌와 같은 境遇에는 「更紙」一百連을 求하지 못하여 二個月間의 時日과 七八種의 代用物을 섞어서 겨우 印刷를 하였다.

앞으로의 展望은 當分間 混沌하다. 出版業者들의 苦心은 이제와서는 原稿難도 販賣難도 宣傳難도 아니요 오직 用紙難이 가장 苦悶이다.

宣傳費가 二割程度로 引上된다. 各新聞社가 『減頁』를 理由로 强硬히 單價引上에 努力한다.

出版物의 整理가 自然的으로 進行되어 採算을 無視한 出版은 影子를 감추기 시작한다.

再判! 重版! 이 困難하여짐과 同時에 出版業者의 利潤도 줄어진다. 定價引上의 胎動이 있다. 新刊은 거의 定價引上이 된 形便이나 舊刊에 있어서는 困難하다. 거기에 나타나는 것이 질의 變更이다. 그러나 그것도 이제는 막달은곳까지 왔다.

남은 問題는 册을 所重히 하자. 종이를 애끼자. 하는 消極的인 方向

개화기에서 일제강점기까지 근대 제도와 일상생활

밖에 없다. 책을 만드는 이는 한 卷의 新刊에 그 愛着이 前에 十倍二十倍 더하다.(<出版私談> 1940. 3. 16집)

16집은 <出版私談>이란 명칭으로 꾸며졌는데 일제말기의 출판계 상황이 구체적으로 드러나 있다. 종이가 없어서 재판, 중판을 할 수 없는 상황을 전하고 있다. 원고료. 판매란, 선전란도 아니고 용지란이 출판업자의 가장 고민이라는 구절 속에서 극단으로 치달리는 일제의 전시체제를 읽을 수가 있는 것이다. 1940년에 들어와서 출판계 토픽은 콘텐츠보다는 하드웨어적인 문제 즉 인쇄할 종이 문제일 수밖에 없었던 것이다.

<出版토픽>이 자사 출간 서적만을 토픽화 한 것이 아니다.

① ○『明日의 鋪道』(李無影氏著) 三文社에서 發行하는 朝鮮文人全集의 第二回 配本으로 十月初旬에 나오게 된다.

○ 朝鮮文學讀本. 朝鮮日報社 出版部에서 發行하는 新選 文學全集의 第一回 配本으로 十月中으로 나온다고.

○ 新人傑作短篇小說集 역시 朝報出版部에서 나오는 것으로 配本은 十一月中 이라고.

出版토픽 原稿를 揭載코저하시면 本編輯部까지 알려주십시오.(孫)

(1938. 10. 1집)

② ○『小說家仇甫氏의 一日』(朴泰遠著短篇集) 文章社에서 今月中 發賣하리라고.(1938. 11. 2집)

③ ○『批評文學』(金文輯著) 靑色紙社에서 發行. 方今發賣中.(1938.

12. 3집)

④ ○『小說家 仇甫氏의 一日』(朴泰遠著短篇集) 文章社에서 發行. 方今 發賣中! 大好評!(裝幀·鄭玄雄畵伯 價一·五0) (1939. 1. 4집)

⑤ 東京있는 朝鮮文化社는 朝鮮畵報를 創刊하고 京城있는 朝鮮文化社「太陽」을 出刊한다고 傳한다. 前者는 前每申記者 金乙漢氏의 努力으로 後者는 前朝鮮日報主筆이시던 徐椿氏의 努力으로 다각기 相當한 地盤과 計劃과 信念으로써 出版하는 것이다. -하략-(1939. 8. 8집)

⑥ 李泰俊氏의 『딸삼형제』는 斷然最近小說界를 휩쓸은 感이 不無하다. 初版은 삽시간에 없어지고 再版에 불야불야 着手하는 好評에 이제까지『밋지는출판』만 하였다고 자랑삼던『文章社』는 그 자랑하나가 없어지게 된 셈이다.(1940. 2. 15집)

위의 인용을 살펴보면 <出版토픽>에서 다루는 타출판사 발행 서적은 박문서관 출판물과 비교하면 매우 적다. 또한 기술하는 내용도 간략하거나 단순한 사실 기술 위주다. 문장사의『小說家 仇甫氏의 一日』의 소개와 살펴본 박문서관의『사랑』과『小波全集』의 소개를 비교하면 그 차이를 금방 확인할 수 있다. 즉 <出版토픽>이 다루는 내용이 당시 한국 출판계의 토픽이 아니라 박문서관의 토픽이었던 것이다.

이러한 <出版토픽>의 성격은『博文』이 박문서관의 기관지였다는 점에서 이해할 수 있다. <編輯室 日記抄>와 <編輯部 通信>이라는 고정란이 있었음에도 불구하고 <出版토픽>이라는 난을 배치하고 있는 것은 일종의 광고효과 때문이 아니었을까 하는 추정을 해볼 수 있다. 1930년대 언론매체의 상업화 경향 속에서 광고의 중요도가 비약적으로 상승하게 되었다. 1935년 11월부터 발간되기 시작한 『朝光』은 전면 광고와 광고목차를 제시함으로써 광고 본문의 다른 항목 즉 논설과 문학작품과 동등한 위치로 격상시키고 있다.[32] 당시 출판계에 도입된 광고의 심화 확대는 비약적이라고 할 수 있다. 이렇듯 당대 광고의 위상 변화 속에서 <出版토픽>은 광고 전략의 하나로 이해할 수 있다.

4. 결어

잡지 『博文』은 그동안 최초로 발간된 순수 수필잡지로만 논의되었다. 하지만 『博文』은 博文書舘의 기관지로서의 역할도 충실히 한 출판전문 잡지였다.

『博文』이 창간된 1938년은 언론·출판계에 대한 통제가 강화되던 시기였다. 1938년 5월 칙령 제316호 국가총동원법을 한국에서도 전면 시행하였다. 그리고 불온문서 임시 취체법에 대응하는 조선 불온문서 임시 취체령을 제정되었다. 일제가 필요하다면 언제든지 출판물에 대한 탄압을 할 수 있는 상황이었다. 즉 출판물계는 위축될 수밖에 없는 상황이었다. 이러한 시국에 월간잡지를 창간한다는 것은 무모한 모험이라고 볼 수 있다. 博文書舘이 이러한 모험을 한 것은 출판

---

32 최수일, 「잡지 『朝光』을 통해 본 광고의 위상 변화」, 『상허학보』 32집, 2011. 6, p.361.

업이 당대 한국사회에서 유망한 수익사업이라는 데 기인한다. 일제의 통제가 강화되는 가운데에서도 유력 출판사에서 많은 투자가 필요한 文學全集을 앞다투어 발간하였던 것도 출판업이 매우 부가가치가 높은 사업이었기 때문에 가능하였던 것이다. 당시의 출판자본은 군국주의 신체제 속에서 다양한 활로를 모색하고 있었다. 출판전문 잡지 『博文』의 탄생은 이러한 환경 속에서 나온 것이다.

그러므로 잡지 『博文』의 심층부에는 박문서관의 상업적인 목적이 담겨 있을 수밖에 없었다. 당대 중견문인들의 수필을 통해 독자들에게 다가가면서 동시에 자사 출판물의 홍보와 광고에도 노력을 경주하였던 것이다. 이러한 사례를 구체적으로 살필 수 있는 것은 <出版토픽>이다.

<出版토픽>은 당대 출판계의 빅뉴스를 전하는 공간이었다. 그런데 이 속에는 박문서관의 서적에 대한 소개가 대부분을 차지하고 있다. <出版토픽>이 자사 발간 서적의 홍보를 위한 목적으로 배치되었다는 것을 알 수 있다. 즉 <出版토픽>에서 다루는 타출판사 발행 서적은 박문서관 출판물과 비교하면 매우 적고 내용도 간략하다. 다시 말해 <出版토픽>이 다루는 내용이 당시 한국 출판계의 토픽이 아니라 박문서관의 토픽이었던 것이다.

이러한 <出版토픽>의 성격은 『博文』이 博文書館의 기관지였다는 점에서 찾을 수 있다. <編輯室 日記抄>와 <編輯部 通信>이라는 고정란이 있었음에도 불구하고 <出版토픽>이라는 공간을 배치한 것은 일종의 광고전략으로 이해할 수 있다. 1930년대 이후 광고의 위상이 변화하는 가운데 『朝光』은 전면광고와 광고목차를 제시하는 광고의

효과를 극대화하려고 시도하였다. 이러한 출판계의 상업주의적 분위기 속에서 <出版토픽>도 박문서관의 광고 전략의 하나로 이해할 수 있는 것이다.

참고문헌

1.자료

『博文』, 『三千里』, 『朝光』

2. 논저

임경석·차혜영, 『<개벽>에 비친 식민지 조선의 얼굴』, 모시는 사람들, 2007.

진재영 외, 『문예공론장의 형성과 동아시아』, 성균관대 출판부, 2008.

최경봉, 『우리말의 탄생』, 책과함께, 2005.

강진호, 「한국 문학전집의 흐름과 특성」, 『돈암어문학』 제16집, 2003. 12.

김봉희, 「일제시대의 출판문화-종합잡지를 중심으로」, 『일제 시기 근대적 일상과 식민지 문화』, 이화여대출판부, 2008.

김성연, 「한성도서주식회사 출간 번역 전기물 연구-출판 정황을 중심으로」, 『상허학보』 30집, 2010. 10.

김종수, 「일제강점기 경성의 출판문화 동향과 문화서적의 근대적 위상-漢城圖書株式會社의 활동을 중심으로」, 『서울학연구』 제35호, 2009. 5.

김창록, 「일제강점기 언론·출판법제」, 『한국문학연구』 30집, 2006. 6.

방효순, 「일제시대 민간서적발행활동의 구조적 특성에 관한 연구」, 이화여대 박사논문, 2001.

최수일, 「잡지『朝光』을 통해 본 광고의 위상 변화」, 『상허학보』 32집, 2011. 6.

최이안, 「한국 최초의 수필잡지 <박문>」, 『수필학』 13집, 2005.

한국 근대공연예술의 재생산 제도를 위한 시고

- 소녀가극, 여성악극을 중심으로

김호연_광주여자대학교 교양교직과정부 교수

이 글은 단국대학교 동양학연구원 제142회 정기연구발표회(2011. 7. 20)에서
발표한 것을 수정·보완하였다.

1. 서언

한국 근대 공연예술은 한국 근대 문화 전반이 그러하듯 자생적 변화의 흐름과 일본을 통해 이입된 근대 공연문화의 정반합을 겪으며 진화하였다. 특히 서양의 연극은 옅은 본질이 일본을 통해 유입되었고, 그 흐름 속에서 대중공연예술은 여러 가지 잡다한 요소들이 결합되어 새로운 공연 무대를 구성하기 시작하였다. 대중공연예술은 집단적 체험을 통해 잠시나마 時代苦를 잊으며 작은 위안을 준 記號로 큰 의미를 둘 수 있다. 그러한 의미 속에서 대중극의 흐름 중 樂劇은 1930년대 장르로 정착되어 1960년대까지 민중들을 웃기고 울린 가장 대중적인 장르로 세심하게 기억될 필요가 있을 것이다.[1]

악극은 음악으로 표현된 공연예술 장르로 크게 세 가지로 전개되었다. 첫째 신파극단의 막간으로 발전한 악극, 둘째 레코드사가 자사 레코드를 선전하기 위해 만든 악극단, 셋째 일본 소녀가극단의 여러 모습을 수용한 형태 이 세 가지로 나뉘어 이야기할 수 있다. 그런데 그동안 악극의 초점은 첫 번째와 두 번째에 집중되어 온 감이 없지 않다. 아무래도 기성극단을 통해 공연된 모습이 관객들에게 큰 호응을 얻었고, 소녀가극이 주도적으로 관객을 수용하기에는 부족한 면이 있었기 때문이었다. 그럼에도 불구하고 소녀가극은 공연 레퍼토

---

1   그동안 유민영, 『한국근대연극사』, 단국대 출판부, 1996에서 대중극의 흐름에서 '악극 장르의 파생과 정착'을 정리한 바 있었고, 서연호의 『한국연극사−근대편』, 연극과 인간, 2003; 『한국연극전사』, 연극과 인간, 2006에서도 악극에 대해 개괄적으로 정리한 바 있다. 또한 김호연, 『한국 근대 악극 연구』, 민속원, 2009에서 근대 악극을 얼기설기 정리한 바 있으며 그 외 몇몇 논문에서 언급한 바가 있다.

리 등 내용적 측면에서 항상 새로운 자극제로 공연 문화를 변화시켰으며 여러 대중공연예술 발전의 바탕이 되었음을 부인할 수 없을 것이다. 그런 의미에서 이 글에서는 소녀가극의 활동 양상을 정리하고, 이들 공연예술의 재생산의 의미를 시험적인 논의를 통해 밝혀보고자 한다.

먼저 근대 초기 가극대회의 등장을 통해 나타난 소년, 소녀가극이 재생산 과정을 통해 어떠한 공연사적 의미를 갖는지 살펴보도록 한다. 이들은 학예회 수준을 넘어서 공연으로의 가치도 충분한데, 특히 이들의 레퍼토리는 사회 참여의 의미로 考究의 대상으로 삼는다. 두 번째 대중극에 나타난 소녀가극의 모습을 살펴본다. 1920년대에는 삼천가극단이나 배구자악극단과 같은 소녀가극만으로 이루어진 극단들이 생성되는데 이들의 활동은 물론이거니와 이러한 씨앗이 대중극이나 악극의 바탕이 되었다는 측면에서 깊이 있는 논의 대상으로 놓는다. 마지막으로 일본의 다카라츠카가극단과 한국 근대 공연예술의 지형도에 대하여 살펴본다. 일본 關東에는 東京大學이 있고, 關西에는 다카라츠카가극단이 있다는 농처럼 다카라츠카는 일본 공연의 상징적인 모습으로 존재한다. 이들은 여성들로 이루어진 공연단체로 장대한 구성과 다양한 내용의 무대를 통해 후대에까지도 관객의 큰 호응이 지속되고 있다. 이들은 한국에서 악극단이 공연예술로 자리를 잡아가던 1930년대 후반부터 상호관계를 유지하게 되는데, 이들의 공연이 어떠한 영향을 주게 되는지 그 연결고리를 찾아보도록 한다.

2. 근대 초기 가극대회의 등장과 그 의미

1906년 각종 칙령과 학부령에 의해 정식으로 이 땅에 음악교육의 뿌리가 내려진다. 이전까지 노래는 吟詠하거나 民謠처럼 구전되어 내려오는 것이 대부분이었다. 그런데 음악교과목의 등장으로 '교육에 의해 함께 노래를 배우는 형태'가 자리 잡게 되었다. 초기 음악교육은 『普通敎育唱歌集』, 『尋常小學唱歌』, 『新編敎育唱歌集』 등의 교과서를 통해 唱歌가 중심에 놓였는데, 창가는 단순한 리듬과 가사로 인해 음악 지식이 없던 사람들에게 그대로 수용되었다. 그와 동시에 종교에 의한 음악 교육도 새로운 방법론으로 나타났다. 한국에서 그리스도교가 전파된 것은 그리 오래된 일이 아니었다. 그럼에도 불구하고 신구사상의 갈등과 새로운 문명의 인식 속에서 그리스도교는 자유, 평등을 표방하는 근대의식과 함께 급속도로 전파되었다. 특히 讚頌歌는 그리스도의 사상을 가장 쉽게 전달해 주는 記號로 작용하였고, 음악이 대중과 함께 호흡할 수 있는 바탕이 되었다.

이러한 모습들은 서사적 구조를 가진 연극과 만나면서 새로운 장르 생성의 계기를 마련하는데 그 첫 모습은 종교단체에서 나타난 歌劇大會를 통해 찾아볼 수 있다. 歌劇かげき은 오페라Opera의 일본어 飜譯語이다. 원래 가극은 바그너 이후 음악을 기존 오페라와 구별 짓기 위한 용어였지만 근대 초기에 한국에서는 모든 음악극을 歌劇으로 통칭하여 불렀는데 <初春의 悲哀>(天園 作, 『女子界』 제2권 2호, 1918. 9)에서 歌劇이란 용어가 처음 사용되었다. 『女子界』는 1917년 在日本女子留學生親睦會가 東京에서 간행한 잡지로 이 작품은 당시 일본에서 유행하던 소녀가극에 영향을 받아 창작한 작품으로 이후 소녀가극 형태의 연극은 종교단체 공연의 중요한 흐름으로 자리 잡게 된다.

공연 형태로 처음 나타난 것은 勝洞敎會 유년주일학교에서 <창공에서>(시극), <동정의 눈물>(가극) 등을 공연하면서였는데, 그때 그 명칭이 처음 소개되었다.[2] 초기 종교단체에서 나타나는 노래극 형식을 모두 가극이란 명칭으로 사용한 것은 음악으로 된 연극, 음악에 의한 연극이란 뜻에서 그 의미를 둘 수 있다. 그 즈음 몇 개의 희곡들이 歌劇이란 이름으로 잡지에 발표되는데 각본 俗歌喜劇 유지영 작 <理想的 結婚>(전2막 전3장)(『三光』 제1권 1호~2호, 제2권 1호, 1919~1920), 孤竹 작 <初露人生>(『新民公論』 제2권 6호, 1921. 5), 고죽 작 <열셰집>(『新民公論』 제2권 7호, 1921. 7) 등이다. 이러한 작품들은 종교단체를 중심으로 실제 공연으로 이루어져 每日申報 후원 勝洞敎會 주일학교에서 열린 歌劇大會에서도 가극 <초로인생>, <同情의 桂樹>, <열셰집>, <十字軍出征>이 공연된다. 이런 대부분의 작품들은 뚜렷한 종교적 색채를 담고 있는지만 그 이면에는 종교를 통한 민족운동을 벌이고 있음을 보여준다.

고죽 작 <열셰집>도 그러한데, <열셰집>이란 당시 조선 13도를 상징하며 하나된 민족의 의미를 강조한다. 조선사람들이 한 사람씩 나와 우리 강산의 아름다움을 이야기하고, 백두산부터 제주도 한라산까지 하나된 우리 민족을 만들고 문명한 겨레를 만들자는 이야기이다.

예수그리스도의 사랑으로

---

2 『每日申報』, 1918. 12. 25.

반석우에튼々히큰집을짓고

성신밝은빗츠로등불을켠후

그안에셔즐거운우숨소래라

삼각산의큰돌이다업셔지고

한강의깁흔물이다마르도록

목멱산의송백은무럭무럭자라는

고려민족아[3]

    마지막에 나오는 이 노래는 이 극의 분위기를 극명하게 전달하는
중요한 장면으로, 단심주를 세우고 그 주위를 돌면서 하나되는 민족
을 보여주는 모습에서 관객들은 커다란 감동을 받게 된다. 이 연극을
본 관객도 그러한 분위기를 이야기하는 데, 승동교회 주일학교 가극
대회에서 여러 가극과 음악 공연 중 가장 으뜸이 <열셰집>이라고 칭
찬을 하면서 그 감동을 전하고 있다.

    半島가空中으로올나가자어린少女들은半島아릭셔크다란木竿을셰우
고八人의兒孩가各々실노끈을그木竿에믹여가지고빙々結合ㅎ얏다풀
엇다흔다아!意味깁흔行動일다朝鮮사람들도半島아릭셔셔로시기衝
突로헤여지지말고赤心眞膽으로爲ㅎ고社會의改善을爲ㅎ야金石갓치
結合ㅎ고團合ㅎ라는말이다아!!그씩觀衆數百名은이뜻을알앗는가?[4]

3   고죽, <열셰집>(『新民公論』 제2권 7호, 1921. 7), p.108.

4   盧子泳, 「歌劇大會를 觀ㅎ고-勝洞主日學校 主催에」, 『每日申報』, 1920. 12. 16.

<열셰집>은 당시 주일학교 가극대회의 중요 레퍼토리로 수용되었고, 이러한 감동은 다른 공연에서도 그대로 이어진다. 1921년 1월 開城幼年歌劇會에서도 이 <열셰집>이 공연되어 관객의 호응을 얻게 되는데 이 공연을 통해서도 '朝鮮地圖를 狀을 形成하야 電氣로써 照影하야 공중에 提出함에 至하야는 靜肅하던 觀衆은 一齊 興奮되어 拍手喝采 高聲歡呼 하얏스며'라는 기사에서 보이듯 이 가극을 통해 민족의식을 새롭게 일깨우는 계기가 되었음을 보여준다.[5]

또한 이러한 연극이 희곡으로 발표되면서 주일학교 등에서는 고정적인 레퍼토리로 확대되어 나타나게 되었다. 가장 많이 공연된 레퍼토리는 <열셰집>과 <초로인생>으로 신문에 노출된 공연 형태를 나열하면 다음과 같다.

공연레퍼토리	공연단체
열세집	승동교회 주일학교(1920. 11. 27), 승동교회 주일학교(1921. 11. 3), 산정주일학교(1921. 12. 23), 테마교회 주일학교(1922. 1. 10), 광주숭일학교 학생청년회원(1922. 1. 19~20), 충남서지방회 주일학교(1922. 6. 7), 개성동부 유년주일학교(1922. 7. 26), 선천 여자기독청년회(1923. 2. 23), 이천주일학교가극회(1923. 4. 1), 진주 사립제2학회(1923. 8. 4), 상주여자청년회(1923. 8. 20), 안성읍내장로교회(1923. 12. 25), 욱정예배당(1923. 12. 27), 평양채관리후진청년회(1924. 2. 29), 신창일신학교 학우회(1924. 8. 14), 양양읍 교회(1924. 12. 25), 안동 유치원 기성회(1925. 8. 22), 여주유치원주일학교(1925. 12. 17), 용천 주일학교(1925. 12. 26), 신천읍 예수교회 청년회(1927. 12. 12~13), 영흥 여자 모임(1927. 12. 27), 안성죽산농우연맹(1927. 12. 29)
초로인생	승동예배당 주일학교(1918. 12. 25), 승동교회 주일학교(1920. 11. 17), 승동교회 주일학교(1921. 11. 3), 광양림여학교(1921. 12. 27), 광주숭일학교학생회(1922. 1. 19), 이천주일학교(1923. 4. 1), 이천주일학교(1923. 8. 15), 안동 재외유학생회(1926. 8. 20), 안성죽산농우연맹(1927. 12. 29), 조선여자학원(1928. 12. 4~5)

---

5 『東亞日報』, 1921. 12. 22.

이들의 공연은 승동교회 공연 즈음 희곡으로 발표되었고, 특히 가곡집으로 엮어져 재생산의 의미가 확대되었다. 한석원이 편집한『音譜附脚本少年少女歌劇集』(영창서관, 1923)이 발표되어 주일학교 가극대회의 교본처럼 활용되었고, 이를 바탕으로 공연이 확대되게 된 것이다. 이 책의 공과는 종교적이면서도 민족적인 그리고 아동을 대상으로 한 것에 바탕을 두었기에 주일학교의 활용 저본으로 나타난 것이었다.[6]

이러한 歌劇大會는 단순히 노래, 연극, 무용을 관객들에게 보여주는 차원에서 벗어나 사회운동의 일부분으로 나타났고, 전국 각지에서 종교, 사회 단체에서 일어나는 가극대회는 그저 학예회와 비교할 수 없는 다양한 모습을 보여주었다. 특히 많은 가극대회의 대부분은 일정한 목적을 가지고 행해지는데 새로운 사상을 계몽하기 위한 공연, 단체의 기금이나 건축비를 모금하기 위한 공연,[7] 水災民을 위한 자선 공연이라든가,[8] 饑饉救濟를 위한 歌劇會,[9] 야학 경비 보조를 위

6　박영정, 「1920년대 초 주일학교 공연 레퍼토리 분석 -고죽 김현순의 아동가극을 중심으로-」,『한국문학과 예술』, 숭실대학교 한국문예연구소, 2010, p.75.

7　"定平 歌劇大會 開催. 定平南山禮拜堂은 過般建築되얏스나 建築費 千餘圓을 아즉 慣却지 못하야 一般敎徒의 莫大한 困難중인대 今般當地邪蘇敎靑年會의 主催로 邪蘇敎 女學生 十餘名이 新年을 이용하야 乃四五兩日間 歌劇大會를 開催하야 그 收入으로 禮拜堂 建築費債務에 充用한다더라",『東亞日報』, 1923. 1. 3.

8　"黃海道水害救濟晉州巡藝團一行은 去六日 開演하얏는대 同情金을 寄贈한 人士는 ……",『東亞日報』, 1922. 11. 18.
　　"平壤水害同胞 救濟歌劇大會. 朝鮮女子靑年會 主催 昨今 兩日間 중앙기독청년회관에서 崔南仁, 孔榮銑, 具順福, 洪昌奉 등 出演",『朝鮮日報』, 1923. 8. 18.
　　"龍井村에서 西鮮水害救濟歌劇, 각청년회주최 각신문의 후원",『東亞日報』, 1923. 9. 2.

9　"元山饑饉救濟會에서는 원산에 잇는 각여학교와 전력하야 오는 十八日木曜下午七時少年少女歌劇會를 第二普校大講堂內에서 盛大히 열터이라는데 入場料는 平均 二十錢, 學生,

한 歌劇大會[10] 등 여러 형태로 나타난다. 무엇보다도 이러한 가극대회
는 경성에서만 이루어진 것이 아니라 전국 각지에서 봇물처럼 나타나
는데 이는 학생극 운동과 더불어 계몽적 의식의 한 일환으로 이루어
졌다는 점에서 연극사에서도 새로운 자리매김을 하여야 할 것이다.
이러한 여러 가극대회는 1920년대 중요한 공연예술의 한 형태로 등
장하였고, 단순한 공연의 의미를 넘어서 사회 참여의 의미를 지닌 형
태로 나타났음을 살펴볼 수 있을 것이다.

3. 대중극단을 통해 바라본 소녀가극의 모습

1910~20년대는 신파극이 한국 공연예술의 대부분을 차지한다 하
여도 과언이 아닐 정도로 그 영향력이 대단하였다. 이는 그만큼 당시
한국 공연예술의 기반이 취약하였고, 이를 충족시켜줄 희곡이나 극
단이 부족하였음을 드러내는 부분이다. 초기 신파극 공연의 모습은
엉성한 모습을 보이다가 1930년대 즈음부터는 레퍼토리나 공연의 내
용적인 부분에서도 전문적으로 나타나기 시작한다. 특히 음악이 공

婦人은 十錢이라고", 『東亞日報』, 1924. 12. 15.
"饑饉救濟 音樂歌劇 盛況. 去二日 釜山牧島靑年會後援으로", 『朝鮮日報』, 1924. 12. 5.
"平壤水害同胞 救濟歌劇大會. 朝鮮女子靑年會 主催 昨今 兩日間 중앙기독청년회관에서
崔南仁, 孔榮銑, 具順福, 洪昌奉 등 出演", 『朝鮮日報』, 1923. 8. 18.
"龍井村에서 西鮮水害救濟歌劇, 각청년회주최 각신문의 후원", 『東亞日報』, 1923. 9. 2.

10 "音樂과 小女歌劇大會. 三角靑年會主催로 로동야학경비보조를 위해 명팔일 장곡천정공회
당에서, 황운봉 고안라양의 독창이 있으리라", 『朝鮮日報』, 1923. 12. 7.

연 레퍼토리로 확대되면서 악극 중심의 극단들이 생기게 되는데 三川歌劇團과 裵龜子樂劇團 등이 대표적 예이다. 삼천가극단은 일본 水樂座 등에서 무용, 연기, 음악을 익힌 권금성이 한국으로 돌아와 '금성오페라단'을 조직하여 활동하다가 '三川歌劇團'으로 이름을 바꾼 것으로 김소랑을 주간으로, 감독에 마호정, 단장에 권삼천, 歌劇部에 林生員, 각본부에 신불출, 음악부에 김홍준 등 50여 명으로 구성된 레뷰식 歌劇과 喜歌劇을 중심으로 공연을 갖는다.[11] 이들의 첫 공연은 團成社에서 歌劇 <크른다이크 칼멘>(1경), 中國歌劇 <웃는 그림>(1경), 喜歌劇 <돈과 벙거지>(1경)을 선보이는데, 소녀가극의 화려함과 林生員과 신불출 등 당대 뛰어난 재담꾼들의 활약을 통해 레뷰식 가극과 喜歌劇이 큰 호응을 얻는다. 그러나 이들은 1930년 늦여름까지 중앙무대에서 활동을 하다 자취를 감추게 된다.[12] 비록 짧은 기간이었지만 이곳에서 활동하던 작가, 배우들은 이후 악극의 중추적 역할을 담당하게 된다.

三川歌劇團이 여러 레퍼토리를 통해 관객들에게 다가섰다면 裵龜

---

11 "극계의 원로로 공헌이 만흔 김소랑 씨 주간 밋헤 새로히 조직되여 순수 가극과 무용을 본위로 한 삼천가극단은 그동안 지방 순회 공연 중에 잇든바 금월 17일부터 경성에 드러와 시내 단성사에서 공연을 하리라는데 푸로그람은 전부가 아즉 조선에서는 시험해 본 적이 없는 레뷰식 가극과 희가극이라 하며 단장 권삼천 양 소녀 배우 오십 여 명이며 감독은 김소랑 씨와 가티 극계에 공헌이 만흔 마호정 녀사라더라.",『每日申報』, 1930. 6. 14.

12 이들의 중앙 무대 공연은 4번에 그친다. 2회로 京城 三友會 創立 六週年 記念 特別 大興行으로 1930년 7월 1일 <優秀한 歌劇>(제1막)을 京城 三友會 주최, 朝鮮映畵製作同人會, 三川歌劇團 후원으로 朝鮮劇場에서 공연을 하고, 이어 喜歌劇 <헷소문>(권삼천 작), 中國舞蹈 <亂舞曲>(권삼천 按舞), <平和>(1930. 8. 13, 朝鮮劇場)을 3회 공연으로, 마지막으로 探偵劇 <女俳優>(1막, 문수일 작), 희가극 <富者와 兩班>(1막, 김영환 작), 무용 <A.오바씨야 B.도롯도>(각 1장, 권삼천 按舞), 喜歌劇 <아버지와 딸>(1막, 金懷香 작), (1930. 8. 20, 團成社)으로 중앙무대에서는 자취를 감춘다.

子樂劇團은 다양한 볼거리를 제공한 단체이다. 裵龜子는 崔承喜, 趙澤元과 더불어 우리 근대무용의 선구적 업적을 남긴 인물로 이른바 新舞踊의 첫 걸음을 디딘 인물로 평가받는다. 배구자는 최승희, 조택원 두 사람과는 이질적인 면모를 지닌다. 최승희나 조택원이 일본 근대무용가인 石井漠의 영향을 받아 일본에서 무용 수업을 받았다면, 배구자는 天勝藝術團의 松旭齊天勝에게 사사했다. 天勝藝術團은 일본의 곡예단으로 그들의 레퍼토리는 劇, 獨唱, 歌劇 등 다채로웠다. 천승예술단의 많은 부분을 배구자는 그대로 수용하여 활발한 활동을 펼친다.

특히 천승예술단의 1915년 한국 공연은 관객들에게 새로운 볼거리를 제공해 주기에 충분하였다. 1915년 9월 日本은 景福宮에서 施政 5周年 紀念 朝鮮物産共進會를 개최하는데, 이는 식민 통치 5년 동안 변화된 모습을 민중들에게 강제적으로 보여주기 위한 대표적인 행사였다. 이때 상품전시와 동시에 저녁에는 많은 공연 행사들이 이루어지는데, 1915년 설립된 舊派俳優組合은 명창 김창환, 이동백의 판소리 무대가 이루어지고, 박춘재의 재담 등이 함께 어우러진 무대를 보여준다.[13] 특히 천승예술단은 공진회장 내 京城協贊會 演藝館에서 <사로메>와 마술을 선보이는데, 대성황을 이루며 조선물산공진회가 끝날 때까지 공연을 하였다.[14] 이들은 <사로메>, 舞踊 <胡蝶舞>, 喜劇 <捕鼠>, 御加芝居 작 <新浮胡弓>, 魔術 등 다양하게 무대를 구성하

개화기에서 일제강점기까지 근대 제도와 일상생활

---

13 廣告 가명박람회에셔 이십일 밤신지 몃챵 김챵환, 리동빅의 졀등흔 판소리와 유명흔 박츈지의 신긔흔 지담과 가곡의 익살이 잇슴니다. 『每日申報』, 1915. 10. 20.

14 『每日申報』, 1915. 10. 12.

였는데, 한국 공연예술에서 좀처럼 볼 수 없는 무대로 신파극이나 구극만을 경험하던 대중들에게 새로운 무대 경험을 만들어 주었다.

1918년 天勝 일행은 다시 내한 공연을 갖는데, 이때 배구자가 천승의 일원으로 국내에서 처음 선보이게 된다.[15] 특히 뛰어난 연기와 춤으로 10살 내외였던 어린 소녀 배구자의 연기에 관객들은 탄성을 자아냈고, 1921년 다시 한국을 찾은 天勝 一行은 더욱더 다양한 무대를 선보였으며 배구자는 그 중심을 차지한다. 그들의 레퍼토리를 보면 1. 和洋音樂 合奏, 2. 小奇術 (天勝, 志子), 3. 嚴谷小坡 作 家庭劇 <小公子>(3막), 4. 小奇術, 5. 大小奇術 天勝, 6. 獨唱, 7. 靑春 쩐스, 8. 線上의 曲技 (天勝), 9. 咸公의 失敗 (實物活動寫眞), 10. 大小魔奇術天勝, 11. 伽歌劇 <夢의 胡蝶> 2장 등이었다.[16] 음악과 마술, 극, 춤 등 관객의 흥미를 끌 수 있는 모든 요소가 동원되어 기존의 소녀가극이나 다른 신파극단들의 레퍼토리에 영향을 끼치게 된다. 천승 일행은 내한할 때마다 큰 인기를 얻게 되는데, 이런 다양한 공연모습과 더불어 바로 배구자가 있었기 때문이다.

> 天勝一行 初日의 大滿員 빅구자양의 표정은 관긱을취케히
> 텬승일행의 첫날흥힝은 실로 공전의 대성황이엿다고 ᄒ겟다 긔장
> ᄒᄂ다섯시 삼십분경이엇섯ᄂ바일곱시 긔막홀썩에ᄂ발서특등과
> 일등만원이라는 표가 붓고표ᄂ 이삼등밧세ᄂ 팔지안이ᄒ더니 이

15 『每日申報』, 1918. 5. 14.
16 『每日申報』, 1921. 5. 19.

삼등묘 역시 슌식간에 만원이 되야 사지 못ㅎ고 도라가는 사람의
사람의 사람의 슈효를 헤아릴수 업섯다.[17]

그러나 천승의 후계자로 인기를 거듭하던 배구자는 연애와 재산관
계로 천승을 탈퇴하게 된다. 그러다가 '눈물을 흘리며 모처럼 배운 재
조를 그대로 썩히는것은 넘우 앗갑다'고 토로를 하면서 미국에서 많
은 것을 공부하고 돌아오겠다고 말하면서 고별 音樂舞踊會를 보여주
었다.[18] 이후 배구자는 일제강점기 유일무이한 연극전용극장인 동양
극장을 만들고 한국 연극계에 큰 영향력을 발휘하게 되었다.

이런 앞선 두 사람의 영향력은 당대 연극계에 새로운 자극을 주었
다. 먼저 1930년대 중반 등장하는 대부분의 악극단들이 여성들로만
이루어진 樂劇團이란 점에서 수용 관계를 주목해 볼 수 있다. 그럼에
도 불구하고, 소녀가극은 전문적이지 못하였고, 단순한 막간무대에
서 단순한 공연형태만을 보여줄 뿐이었다.[19]

게다가 이들의 공연은 퇴영적이며 선정적이었기에 비판의 대상이
되었다. 본 공연보다는 막간을 보기 위해 극장을 찾는 기현상도 벌어
져 '센틔멘타리쯤과 에로그로의 前後配置로 低級의 觀衆을 相對로
無慘히도 墜落의 길을 보이여 주엇쓸쑨이다.'라며 이런 무대 구성에
대해 신랄하게 비판을 하였다. 이러한 문제는 민중들이 단순하게 문

---

17 『每日申報』, 1921. 5. 23.

18 『東亞日報』, 1928. 4. 17.

19 석일량, 「최근조선연극계의 동향」, 『시대공론』 2, 1932. 1.

화를 소비하였고, 그저 시대고를 잠시 잊기 위한 장치로 받아들인 결과였다. 기성극단에서도 이러한 부분에 대해서 나이 어린 소녀들이 나와 노래하고 춤추는 막간 무대의 선정성에 문제를 제기하였다.

> 이 막간의 존폐문제는 고사하고라도 아직 배꼽에 피도 마르지 않은 어린 소녀를 등장시켜 놓고 그 같은 정욕적 동작과 대사를 시키는 것을 보고 아니 놀랄 수 없었다. 아무리 새디즘이 발달된 현대기로서니 그는 너무도 비인간적인 영업정책이 아닐까 한다. 우리는 아직 중국에 남아 있는 小兒 창부의 야만적 폐풍에 의분을 느끼는 자이거늘 하물며 우리의 무대에서 소녀로 하여금 그 같은 에로서비스를 시키는데 어찌 불쾌를 느끼지 않을 수 있으랴! 자중하여 주기를 바라는 바이다.[20]

이러한 문제는 일제강점기 오락 문화의 형성 그리고 섹슈얼리티라는 문제를 통해 다양한 연구과제가 놓이는 부분이다. 식민지 근대화론과 더불어 이들이 민감하게 자극하는 화두인 오락문화의 형성 그리고 우생학의 전파 등의 문제는 일제강점기 한국 근대대중문화의 형성이란 부분과 맞물리기 때문이다.

---

20 柳致眞, 「劇評 研劇舍의 公演을 보고」, 『東亞日報』, 1933. 5. 9.

4. 다카라츠카가극단과 한국 근대대중공연의 관계 지형도

막간극이나 희가극과 같이 단순한 공연형태로 출발한 악극은 1930년대 중반을 넘어서며 하나의 공연예술 장르로 자리 잡게 되었다. 이러한 흐름은 먼저 일본 가극의 직접적인 영향 아래에 놓인다. 1930년대 중반 등장하는 악극단들은 대부분 日本少女歌劇의 영향을 받은, 여자들로 구성된 악극단이 유행을 한다. 少女歌劇은 오페라의 영향을 받은 일본 특유의 연극 양식으로 明治 中期에 서양 음악이 수용되면서 帝國劇場에 音樂學校가 설치되었고 여기서 교육을 받은 몇몇 여성들이 가극단을 조직하였는데 이것이 1912년(明治 45年)의 일이다. 이러한 움직임은 짧은 시간 안에 유행을 하였고, 이러한 연장선에서 1913년 寶塚少女歌劇團이 조직되었다. 처음에는 寶塚溫泉에 온 손님들을 끌어들일 목적으로 만들어졌지만 오히려 보총가극단의 공연을 보러 오는 사람이 대다수를 이룰 정도로 큰 인기를 얻는다. 이들은 1914년 파라다이스극장에서 제1회 공연으로 北村季晴작의 歌劇 <ドンブラコ>, 本居長世 작 喜歌劇 <浮れ達磨>와 댄스 <胡蝶の舞>를 공연하는 데 경쾌하고 호화로운 무대, 여성의 남장으로 倒錯的 興味를 보여주었다.[21] 이에 대항하기 위해 松竹會社에서는 大阪松竹에 樂劇部를 두고 무용 본위의 소녀가극단을 만드는데, 이들은 한국에서도 공연을 가지며 많은 영향을 끼친다.[22]

---

21 河竹繁俊, 『槪說日本演劇史』, 岩波書店, 1966, p.422.

22 1939년 8월 3일부터 府民館에서 松竹樂劇舞踊團의 공연이 펼쳐지는데, 渡邊光子, 孫英玉, 崔香玉 등이 찬조출연하게 된다. 『朝鮮日報』, 1939. 8. 2.

특히 1930년대 소녀가극에 영향을 끼쳤으며, 이는 레코드사 소속 악극단이 좀 더 발전적인 방향으로 발전하는 계기를 마련해 준다. 1939년 4월 조선악극단을 중심으로 오케레코드 전속가수들과 CMC 밴드 일본을 방문하게 되면서 동경보총극장에서 서양 공연을 마치고 돌아온 다카라츠카가극단 花組와 교류를 갖는 등 직접적 교류가 처음으로 나타났다.[23]

그리고 1940년 4월에는 다카라츠카가극단 출신으로 구성된 무랑루즈 新喜劇座가 보총 쇼라는 이름으로 한국에서 공연을 갖게 된다. 이들은 다카라츠카가극의 아류에 불과하였지만 <빛나는 이천육백년>, <춘향전>, <화총열차> 등을 공연하며 큰 인기를 얻게 된다. 특히 '그랜드 레뷰'는 호화로운 무대를 선보이며 그동안 한국 연극에서 볼 수 없던 다채로운 무대를 보여주어 이후 한국 악극단의 레퍼토리 형성에 큰 영향을 미치게 된다.

또 다른 자극을 준 레퍼토리는 張赫宙 원작의 歌劇 <春香傳>이다. <춘향전>은 우리 민족의 원형으로써 항상 텅 빈 공간으로 다가온다. 그래서 <춘향전>은 언제나 여러 장르를 통해 새롭게 창작되었다. 이미 악극에서도 1938년 조선오페라가 발표한 이후 여러 방면에서 선보이게 된다. 그러나 본격적인 뮤지컬드라마로서의 짜임새, 음악적인 처리, 무대장치의 전환 등 그동안 한국가극단들이 시도한 것과는 차

또한 1940년 4월 보총 쇼가 내한공연을 갖게 되는데 그 공연 내용은 <화총열차>, <빛나는 2천 6백 년> 등이었다. 『朝鮮日報』, 1940. 4. 17.

23 『朝鮮日報』, 1939. 4. 23.

원이 달랐다.[24] 이는 관객들에게도 그러했지만 당시 가극을 만들던 사람들에게도 하나의 자극이 되었다. 그저 우리 고전을 만들면 무난하게 성공하리라던 고정관념을 깨고 새롭게 생산적인 수용의 형태로 나타나게 된 것이다. 이것이 곧 1940년대, 만들어지는 가극운동의 새로운 수용 양상이라고 할 것이다. 이즈음 대중극단들은 동양극장을 중심으로 관객들의 호응을 얻으며 전성기를 맞게 되는데 이들은 이전에 보였던 喜歌劇이나 막간무대 등을 정리하면서 얻은 결과였다.

그동안 악극단들의 레퍼토리는 신파극단들의 형태와 레코드사 소속 악극단이 혼합된 형태가 주를 이루거나 제대로 공연형태를 갖추지 못한 소녀가극단으로 존재하였는데, 이 공연을 계기로 좀 더 완성된 무대공연이 이루어지게 된다. 조선악극단, 라미라가극단, 반도가극단의 경우도 직간접으로 이러한 영향에 놓여있었고, 또한 레퍼토리의 구성에 있어서도 좀 더 다양한 형태가 나타나게 된다.

이어 1942년 10월 24일부터 5일간 다카라츠카가극단이 처음으로 우리나라 무대를 밟기로 예정되어 있었다. 이는 중일전쟁과 태평양전쟁 이후 동경보총극장과 보총극장이 폐쇄되어 이동극단으로 조직이 개편되면서 만주일본군 위문 공연의 길목 경성에서 공연을 갖게 된 것이었다. 여기서는 레퍼토리로 무용극 〈太刀盗人〉, 〈美と力〉과 〈寶塚繪券〉 등을 선보일 예정이었다.[25] 그렇지만 이들의 공연에 대한 기록은 전해지지 않는데 여기에 대한 고찰은 심도 있게 이루어질 필요

---

24 황문평, 『한국대중연예사』, 부루칸모로, 1989.
25 『每日新報』, 1942. 10. 13.

가 있을 것이다.[26]

이들의 공연 형태는 전시체제가 강화되는 중일전쟁 이후 이동연극과 위문대라는 형태에서 변화를 겪게 되었고, 일본이동연극연맹이 결성되면서 다카라츠카는 그 중심에 놓이게 된다. 특히 이러한 모습은 이른바 '공연예술의 정신대'라는 극단적인 표현에서도 드러나는데 이들의 공연은 오락을 제공함과 동시에 국책을 선정하는 도구로 사용되었다. 이는 그대로 수용되어 조선 땅에서 이동극단의 형식이 악극 중심으로 이루어지는 것도 이러한 흐름과 같이 함에서 비롯된다.

이러한 양상은 조선악극단의 활동 양상에서도 드러난다. 일본 공연에서 새로운 가능성을 보여주었던 조선악극단의 매력은 그들의 단원 구성에서 비롯되었는데, 특히 장세정, 이난영과 같은 기라성 같은 여자 가수가 큰 활약을 펼쳤다. 이들은 저고리 씨스터라는 명칭으로 독창과 합창 무대를 구성하여 큰 호응을 얻으며, 2000년대 이른바 한류의 선봉에 있는 걸그룹의 모태적 양상으로 인식할 수 있다. 그럼에도 이들은 시대적 양상과 합치되면서 그대로 이동극단과 위문대의 성격으로 변질되었고, 향토민요, 가요뿐만 아니라 군국가요를 부름으로써 오점을 남기게 되었다.

---

26 『매일신보』에서는 공연 예정에 대한 기사만 있을 뿐 공연 과정을 기록한 기사는 없다. 이는 사정상 공연이 취소된 것으로 이야기될 수 있다. 다카라츠카에서 펴낸 여러 문헌을 보면 제1회 중국동북부(만주) 공연이 1942년 9월부터 10월까지 같은 레퍼토리로 공연되었다고 기록으로 전하고 있지만 한국 공연에 대한 언급은 없다.

5. 결어

이상과 같이 근대 초기 주일학교에서 이루어졌던 소년소녀가극단의 모습 그리고 대중공연예술, 특히 삼천가극단, 배구자가극단에 나타난 소녀가극, 그리고 1930년대 이후 악극단과 일본 여성가극단 다카라츠카와의 영향 관계를 통해 바라본 여성악극의 제양상에 대하여 살펴보았다.

먼저 초기 소년소녀가극단은 자생적인 공연 발전 양상으로 특히 희곡의 발표 그리고 『音譜附脚本少年少女歌劇集』(영창서관, 1923)이 편집되면서 재생산 구조를 공고히 하였다. 이는 주일학교 공연 레퍼토리의 바탕이 되었고, 이러한 연극은 종교적인 측면뿐만 아니라 민족 정신을 불러일으키는 효과를 가져와 연극의 사회적 기능에서도 의미가 있는 작업이었다. 대중극단의 소녀가극은 아직은 엉성한 형태였지만 섹슈얼리티라는 측면에서 관객을 자극하여 한국 공연예술의 소비 구조를 확대하는 양상으로 나타나게 되었다.

다카라츠카가극단과 상호텍스트성의 문제는 조금은 일방적인 양상으로 나타났지만 희가극, 막간무대에 머물던 공연 형태가 버라이어티한 무대를 통해 확대 재생산되어 악극의 무대가 고정화되면서도 일제 강점 후기 유일한 문화 소비 수용의 수단으로 나아가는 계기가 되었다.

여기서 다루지 못한 소년소녀 가극대회의 제양상이 어떻게 문화예술사적인 의미로 재생산되었는지, 대중극단들의 에로그로의 모습이 공연제도에 어떠한 영향을 주었는지 그리고 장석주 원작 희곡 〈춘향전>이 어떻게 재생산되어 무대화되었는지 등 확대하여 고민해야 될 문제는 추후의 논의 대상으로 삼고자 한다.

참고문헌

『매일신보』, 『동아일보』, 『조선일보』 등.

김호연, 『한국 근대 악극 연구』, 민속원, 2009.
盧子泳, 「歌劇大會를 觀ᄒ고-勝洞主日學校 主催에」, 『每日申報』, 1920. 12. 16.
박영정, 「1920년대 초 주일학교 공연 레퍼토리 분석 -고죽 김현순의 아동가극을 중심으
　　　　로-」, 『한국문학과 예술』, 숭실대학교 한국문예연구소, 2010.
서연호, 『한국연극사-근대편』, 연극과 인간, 2003.
_____, 『한국연극전사』, 연극과 인간, 2006.
석일량, 「최근조선연극계의 동향」, 『시대공론』 2, 1932. 1.
유민영, 『한국근대연극사』, 단국대 출판부, 1996.
柳致眞, 「劇評 硏劇舍의 公演을 보고」, 『東亞日報』, 1933. 5. 9.
황문평, 『한국대중연예사』, 부루칸모로, 1989.
河竹繁俊, 『槪說日本演劇史』, 岩波書店, 1966.

개화기에서 일제강점기까지 근대 제도와 일상생활

근대적 공장제도의 성립과 매매제도

서문석_단국대학교 경제학과 교수

1. 서론

이 글은 근대적인 공장제도가 도입되면서 전근대적 매매제도가 어떻게 변모하였는지를 살펴보는 것이 목적이다. 이를 통해 근대성의 핵심적인 기제인 공장제도가 한국인의 일상에 어떤 변화를 가져왔는가를 확인해 보고자 한다.

근대적인 공장제도란 임금노동자를 고용하고 대규모 기계 설비를 가동시켜 상품을 대량생산하는 시스템이다. 중세적 생산방식이 주문자에게 미리 주문을 받아 주문량만큼을 생산하여 납품하는 소규모 생산형태라면 근대적 공장은 시장에서 판매할 목적으로 대량으로 상품을 생산하여 시장을 활용하는 많은 소비자에게 판매하고자 하는 대량 생산 방식이다. 따라서 중세적 생산방식은 공급측면에서 효과적인 생산방식을 찾는 것이 관심의 대상이었다. 반면에 근대적 공장제도에서는 시장에 내놓은 상품이 판매되어 대금을 회수해야만 상품생산이 완결될 수 있기 때문에 효과적인 판매방식이 관심의 대상이었다. 즉 근대적 공장제도에서는 매매의 주도권이 공급에서 수요로 이전되었다는 것이다.

1920년대부터 한국에 본격적으로 근대적인 공장제도가 도입되자 매매제도에도 커다란 변화가 나타나기 시작하였다. 왜냐하면 대규모의 근대적 공장들은 이전 시기의 자급자족적 소량생산으로부터 벗어나 본격적인 의미의 시장생산을 시작했다. 주문자에게 상품을 넘기기만 하면 되었던 상황은 이제 시장에 내놓은 상품이 반드시 팔려야 이익을 얻을 수 있는 구조로 변화되었다. 만약 시장에 내놓은 물건이

팔리지 않을 경우에는 생산자가 곤란해지기 때문에 판매가 가장 중요한 요소로 등장하였다.

이런 기본적인 변화와 더불어 이 시기에는 서구 자본주의의 여러 가지 문물이 급속하게 국내로 유입된 시기였다. 신문과 잡지, 간판, 애드벌룬 등이 등장하면서 이런 새로운 문물들을 매매에 활용하고자 하는 움직임들이 나타났다. 즉 상품광고가 시작된 것이다. 상품에 대한 광고는 새로운 수요를 창출하였으며 근대적인 의미의 유행과 소비문화를 확산시키기 시작하였다.

더구나 과거의 운송수단과는 비교도 되지 않을 정도의 역량을 발휘하는 철도의 등장도 이런 변화에 기폭제 역할을 하였다. 철도를 통해 대규모로 물품들이 유통되면서 주문받은 상품을 각 지역으로 유통시키기가 쉬워졌다. 물류가 원활해지면서 근대적 공장의 상품들도 손쉽게 전국으로 퍼져나갈 수 있었으며 전국이 하나의 시장으로 편입되기 시작하였다.

바로 이런 변화는 상품을 지역에 산재해 있던 수공업자들로부터 집적하여 도시에 판매하는 전통적인 매매제도를 결정적으로 약화시켰다. 그 대신에 대규모 생산자가 다수의 소비자들에게 직접 광고하고 중간상들을 통해 상품을 판매하는 새로운 형태의 매매제도를 발생시켰다.

이 글에서는 근대적인 공장제도의 도입 때문에 나타났던 매매제도의 변화를 보기 위한 사례로 면방직공장을 살펴볼 것이다. 왜냐하면 세계 대부분의 나라에서 산업혁명을 주도하며 전형적인 근대적 공장제도를 형성시킨 분야가 면방직공업이기 때문이다. 그중에서도 특히

개화기에서 일제강점기까지 근대 제도와 일상생활

한국인들이 설립한 최초의 대규모 근대적 면방직공장이며 1920년대부터 본격적으로 영업을 시작했던 경성방직주식회사의 사례를 중심으로 살펴볼 것이다. 면방직공업에서 나타난 매매제도의 변화를 살펴봄으로써 전근대적인 매매제도가 근대적인 매매제도로 전환되는 상황을 가장 효과적으로 관찰할 수 있을 것이다.

이 글은 제1장 서론에 이어서 제2장에서는 한국에서 근대적 공장제도가 가장 먼저 나타났던 근대적 면방직공장의 성립에 대해 검토한 후 제3장에서는 전근대적 매매제도와 근대적 공장의 매매제도에 대하여 살펴볼 것이다. 제4장에서는 이상의 연구들을 바탕으로 결론을 맺기로 한다.

2. 근대적 공장제도의 성립

18세기 중반부터 영국에서 본격적으로 나타나기 시작했던 근대적 공장제도의 가장 큰 특징은 임노동, 기계, 일관생산체계 등을 들 수 있다. 이 장에서는 이런 특성이 형성되었던 상황을 검토하면서 근대적 공장제도의 성립과정과 그 특성에 대해 확인해 보고자 한다.

1) 근대적 공장제도의 출현

근대적 공장의 특징인 임노동, 기계, 일관생산체제 중에서 임노동은 자신이 경작하던 토지에서 밀려난 농민들이 자신의 노동을 판매하고 그 대가로 임금을 얻어야만 생존할 수 있는 환경에서 본격화되었다. 생존을 위해 노동조건의 선택이 불가능했던 당시 노동자들의 상황은 열악했다.

이런 상황을 더욱 악화시킨 것은 기계화였다. 신항로가 개척되어 시장이 확장되자 상업은 이전 시기와는 비교가 되지 않을 정도로 크게 확대되었다. 이런 변화는 물품에 대한 수요를 크게 확대시켰고 생산자들은 상품생산을 확대하려고 하였다. 그 결과 보다 전문화된 기술을 활용하기 위해 분업이 확산되었다. 분업은 생산 공정을 짧게 나누는 것이고 그 결과 각각의 생산 공정은 단순해졌다. 이렇게 단순해진 공정을 간단하게 대치하거나 편리하게 진행할 수 있도록 하기 위해 기구들이 등장하기 시작했다. 이 기구는 하나의 공정에 적용되는 것이었으며 일반적으로 한 사람의 노동자가 관여했다. 그러나 이 기구들이 서서히 결합되어 복합적인 기능을 담당하기 시작하면서 기계가 등장하게 된 것이었다.

하지만 기계화가 근대공장제도로 나타나기 위해서는 일관생산체계가 필요했다. 기계는 여러 가지 기구가 결합된 것이기 때문에 한 사람의 노동자가 가동시키기는 어려웠다. 따라서 기계를 작동시키기 위해서는 커다란 동력이 필요했다. 이 동력문제를 제일 처음 해결한 것은 축력畜力이었다. 그러나 생산에 동원되는 가축을 관리하는 것은 쉬운 일이 아니었다. 그러자 다음으로 등장한 것이 수차水車였다. 이 수차는 물만 지속적으로 유입된다면 끊임없이 가동될 수 있는 획기적인 방안이었다. 하지만 물이 공급되기 위해서는 입지조건이 상당히 제한적일 수밖에 없었다. 수차를 돌리기 위한 입지조건은 노동자를 공급하거나 생산된 상품을 판매하기 위한 입지조건과는 전혀 달랐다. 즉 대부분의 경우 수차를 활용할 수 있는 곳에서 노동자들을 고용하거나 상품을 판매하기는 어려웠다. 더구나 우기兩期와 건기乾期에 상관없이 물을 지속적으로 공급하는 것은 해결하기 어려운 문제였다.

이런 어려운 상황을 극복할 수 있게 해 준 것이 바로 증기기관이다. 증기기관은 강수량과 상관없이 가열을 해 줄 수만 있으면 지속적으로 동력을 생산했다. 이제 안정적이고 끊임없이 동력이 공급되자 여러 가지 공정이 하나의 생산과정으로 편입되어 일관생산체계가 구축되기 시작했다. 그러나 증기기관이 산업현장에서 의미 있게 가동되기 위해서는 충분한 열량을 공급할 수 있는 석탄이 필요했다. 그런데 석탄은 채굴도 어려웠을 뿐만 아니라 이동도 어려웠다. 지하에서 석탄을 채굴하는 데에는 상당한 기술과 노력이 필요했을 뿐만 아니라 석탄이 상당히 무거웠기 때문에 당시의 운송수단으로는 먼 지역까지 운송하는 것이 거의 불가능했다. 따라서 증기기관을 도입한 공장들이 정상적으로 가동되기 위해서는 공장들이 석탄을 채굴하여 증기기관을 가동시킬 수 있는 석탄산지로 이동할 수밖에 없었다.

그럼에도 불구하고 석탄을 활용하거나 수차를 활용할 수 있는 공장의 입지는 노동공급이나 상품 판매를 원활하게 할 수 있는 입지는 아니었다. 이 문제를 해결해 준 것이 증기기관차였다. 증기기관차는 엄청난 무게의 석탄을 실어 나를 수 있었다. 그러자 공장들은 입지의 제한으로부터 벗어날 수 있었다. 이제, 많은 공장들이 노동자들을 쉽게 구할 수 있고 생산된 상품을 손쉽게 시장에서 팔 수 있는 도시로 모여들게 된 것이다. 이렇게 임노동, 기계, 일관생산체제를 갖춘 공장이 바로 근대적 공장제도였다.

2) 한국에서 근대적 공장제도의 성립

서구의 많은 국가들이 산업혁명기에 그랬던 것처럼 한국에서 근대
적인 공장제도가 제일 먼저 나타난 부문은 면방직 분야였다. 그중에
서 가장 먼저 등장한 근대적 공장은 1917년에 설립된 조선방직주식
회사朝鮮紡織株式會社였다. 이 공장에는 증기기관을 통해 가동되는 역직
기力織機가 설치되었고 설립 당시 15,200추의 방기紡機와 608대의 직기
織機를 보유[1]한 근대적 공장이었다.

이렇게 일본자본에 의해 식민지 조선에 근대적 공장이 설립된 것
은 일본제국 내부의 경제적 필요 때문이었다. 일제는 대한제국을 상
품판매시장과 원료공급지라는 전형적인 식민지로 설정하였다. 따라
서 식민지 조선이 상품판매시장의 역할을 할 수 있도록 각종 식민지
제도를 정비하는 등 식민지 지배체제를 구축하였으며 원료공급지로
써의 역할을 할 수 있도록 토지조사사업, 산미증식계획 등을 통해 식
민지 경제체제를 구축하였다. 따라서 식민지 조선이 상품시장의 역할
을 하는 데에 장애가 되는 근대적 공장의 설립에는 부정적이었다.

그러나 세계1차대전 이후 일본은 전후공황을 심하게 겪었다. 급속
한 경기위축으로 어려움을 겪는 동시에 사회적 혼란 등으로 기업에
대한 각종 규제가 시행되었다. 일본 내에서 자본축적의 어려움에 직

---

1 大韓紡織協會, 『紡協創立 十周年 記念誌』, 1957, II部 會員工場編의 朝鮮紡織의 沿革編 참
조; 曹晟源, 「植民地期朝鮮棉作綿業의 展開構造」, 東京大學 博士學位論文, 1992, p.104.

면한 자본들은 새로운 투자처를 해외에서 찾았다. 여기에 조선총독부도 일본 자본을 끌어들이기 위해 각종 혜택을 베풀며 적극적으로 자본을 유치하면서 많은 일본 자본들이 조선에 투자되기 시작했다.

1920년대부터 시작된 일본 자본의 조선 진출은 1930년대에 들어서면서 그 규모가 대폭 확대되었다. 이런 배경에는 만주사변(1931년)과 중일전쟁(1937년)이 있었다. 만주사변을 계기로 대륙 침략을 위한 병참기지가 필요했던 일제는 조선총독부의 식민정책 방향을 '중농정책重農政策'에서 '농공병진정책農工並進政策'으로 전환하였다. 그리고 중일전쟁 이후에는 '대륙병참기지화정책大陸前進兵站基地化政策'으로 전환하여 본격적으로 군수공장을 세우기 시작했다. 만주사변을 계기로 일본인 자본에 의해 설립된 공장들은 식민지에서 이미 활발한 조업을 하였지만 중일전쟁을 계기로 설립된 공장들의 대부분은 해방이전에 본격적인 조업을 하지는 못했다.

1917년에 설립된 조선방직주식회사에 이어 1919년에는 조선인자본에 의해 경성방직주식회사가 설립되었다. 이 회사는 조선인자본에 의해 설립된 최초의 근대적 공장으로 면사와 면포를 자급하고 조선인들에게 직업을 주며 주주의 이익을 도모한다는 목적으로 설립되었다. 이 회사는 직기 100대를 갖추고 1923년 3월부터 시제품을 생산하였다.

하지만 본격적으로 조선에 대규모 면방직공장들이 설립된 것은 1930년대였다. 이 시기에 일본의 대규모 면방직자본인 동양방적東洋紡績과 종연방적鍾淵紡績이 조선에 진출하였다. 동양방적주식회사의 인천공장과 경성공장이 세워졌고, 종연방적주식회사의 광주공장과 경성

근대적 공장제도의 성립과 매매제도

공장이 각각 세워졌다. 이 공장들은 일관생산체제를 갖춘 근대적 면방직공장으로 방기 3만추, 직기 1,000대 이상의 설비를 보유하였다 (〈표 1〉 참조).[2]

<표 1> 중일전쟁 이전에 설립된 근대적 면방직공장

設立日	會社名	設立地	設立當時 設備	
			紡機(錘)	織機(臺)
1917. 11	朝鮮紡織(株)	釜山 凡一洞	15,200	610
1919. 10	京城紡織(株)	서울 永登浦洞	-	100
1933. 12	東洋紡績(株) 仁川工場	仁川 萬石洞	31,488	800
1936. 12	京城工場	서울 永登浦洞	40,532	1,440
1935. 08	鐘淵紡績(株) 光州工場	光州 林洞	38,368 (35,000)	1,510 (1,000)
1936. 10	京城工場	서울 文來洞	30,240	600

자료: 大韓紡織協會, 『紡協創立 十周年 記念誌』, I -7, II-21, 31, 41, 47, 107, 117면.

이렇게 대규모 면방직공장이 식민지 조선에 설립된 데에는 일본 내부의 사정과 조선총독부의 유치정책 이외에도 면방직공업 자체의 특성도 있다. 면방직공업은 낮은 기술수준의 노동집약적인 산업이기 때문에 저렴하고 풍부한 노동력이 필요했다. 그리고 면제품은 커다란 잠재수요가 있는 생활필수품이었기 때문에 판매가 용이하다는 측면도 있었다. 이런 이유들이 조선에 대규모 투자가 이루어진 배경이었다.

---

2 이 외에도 1930年代末에 大日本紡績株式會社 京城工場과 帝國製麻纖維株式會社 仁川 工場이 설립되었다. 그러나 이 공장들은 근대적 대규모 공장이라고 할 수는 없는 공장들이었다.

1930년대에 설립된 대규모 공장들은 당시 근대적 면방직공장의 가장 일반적인 규모인 방기 30,000추, 직기 1,000대 수준의 설비와 일관생산체제를 갖춘 공장들이었다. 그리고 방적설비가 없었던 경성방직도 1936년에 21,600추의 방적설비를 갖추면서 식민지 조선에서는 〈표 1〉과 같이 6개의 근대적 공장들이 만들어졌다.

1920년대 초반에 조선방직과 경성방직이 조업을 개시하면서부터 시작된 근대적 공장의 상품판매는 1930년대에 근대적 공장들이 추가로 설립되면서 본격적으로 이루어졌다. 그리고 1938년 「국가총동원법國家總動員法」[3]에 의하여 사회전체가 전시체제로 이행되면서 그 해 12월에 물품판매가격취체규칙物品販賣價格取締規則으로 가격통제가 시작되었다. 이후 1940년에는 모든 면제품에 대해 배급제와 가격통제령이 발표되어 완전한 통제경제로 이행되었다.[4] 따라서 근대적 공장들의 근대적 상품판매제도는 1920년대부터 1930년대 말까지 정상적으로 운영될 수 있었다.

---

3 국가총동원법은 1938년 4월 법률 제55호로 만들어졌다가 1938년 5월 조선에까지 확대실시하게 되었으며 戰時期의 노동통제정책이 시행되는 계기가 되었다(「國家總動員法ハ昭和十三年五月五日ヨリ之ヲ施行ス」, 『朝鮮總督府官報』, 1938. 5. 10).

4 配給制는 모든 면제품을 5등급으로 판정하고 朝鮮紡績工業組合, 朝鮮綿織物元御商組合, 朝鮮綿絲布商聯合會, 朝鮮端反商組合, 道綿布配給組合 등을 통해서만 판매할 수 있도록 하였다. 그리고 價格統制令은 1940년 8월에 발표되었는데 당시까지 주로 면사포에 한정되던 가격통제가 모든 직물류로 확대된 것이다(京城紡織, 『京城紡織五十年』, 1969, pp.244~245 참조).

3. 매매제도의 변화

매매제도는 기본적으로 상품의 거래관계에서 발생되는 제도이다. 즉 상업이 이루어지는 형태를 가리킨다. 따라서 상업이 본격적으로 이루어져야 이 과정에서 매매제도도 형성된다. 교환은 인류의 역사와 함께 시작되었다. 그러나 전업적인 상인에 의해 본격적으로 교환이나 거래가 이루어지기 시작한 것은 중세 후기 이후의 일이다.

중세 후기에 본격화된 상업은 근대적인 공장이 자신의 상품을 생산하여 판매하는 방식과는 달랐다. 따라서 이 장에서는 근대적 공장제도가 형성되기 이전의 매매제도와 근대적 공장이 설립되고 난 이후의 매매제도를 살펴봄으로써 이들의 차이를 확인하기로 한다.

1) 전근대사회의 매매제도

중세 후기에 상업이 발전하게 된 데에는 내부적 요인과 외부적 요인이 있다. 내부적으로는 농업생산성이 향상되어 잉여생산물이 생기기 시작한 것이 상업발전에 긍정적인 역할을 하였다. 즉 자급자족을 위한 농산물생산체계에서 소비하고 남는 잉여생산물이 존재해야만 잉여생산물을 교환할 수 있는 가능성이 생긴다.

외부적으로는 정체적인 중세사회의 소비구조를 변화시킬 정도의 외적 충격이 상업발전의 획기적인 기점이 되었다. 서양에서는 십자군 원정, 한국에서는 임진왜란과 병자호란과 같은 대규모 전쟁이 외적 충격이었다. 이런 전쟁은 일반적으로 자신이 출생한 곳에서 평생 생활하던 중세적 삶을 변화시켰다. 전투나 피난과정에서 자신의 출생

지역을 벗어나자 자신이 살던 곳에서는 생산되지 않는 새로운 물품을 소비하는 경험을 하게 되었다. 하지만 이 새로운 물품은 자신의 생활지역에서는 생산되지 않기 때문에 전쟁이 끝나고 자신의 지역으로 돌아온 뒤에는 상인들에 의해서만 이 물품을 소비할 수 있었다. 즉 그 지역에서 생산되지 않는 물품에 대한 수요가 확보된 것이다. 전쟁과 피난과정에서 군인들이나 피난민들이 통행했던 길을 통해 상인들이 새로운 물품을 공급함으로써 이 수요를 충족시켜 주었다.

이 상인들은 먼 지역에 있는 물품을 육로로 이동시키면서 점차 상업을 확대해나갔다. 이들은 개별 소비자들을 찾아다니며, 물물교환의 형태로 지배계층을 위한 고가품을 주로 거래했다.

수요가 점차 확대되고 물품의 운송수단이 발전하자 거래물품의 종류는 확대되었고 물량은 늘어났다. 특히 배를 통해 대규모의 물품운송이 가능해지면서 거래물품은 하층민들까지 사용할 수 있는 다양한 종류의 저가품으로 확대되었다. 이렇게 되자 상인들이 개별소비자들을 찾아다닐 필요 없이 시장을 열고 이곳에서 소비자들과 거래를 하기 시작했다. 초기에 시장은 부정기적으로 열렸으나 점차 거래물량이 늘어나면서 정기시장으로 변했다. 한국에서는 주로 5일장이 일반화되었다.

이런 변화는 각 지방의 시장인 장시場市를 활성화시켰으며 배를 통한 물품의 이동이 많아지면서 포구상업浦口商業이 크게 늘어났다. 이와 더불어 먼 지역을 상대로 상행위를 하는 원격지상업遠隔地商業이 확대되고 대외무역도 급격하게 확장되었다.

이 과정에서 축적된 대규모 자본을 중심으로 객주客主나 여각旅

閣 등이 등장하였다. 이들은 행상行商들이 구입해 온 물품을 매입하거나 자금이나 숙식을 제공하는 한편 판매할 물건들을 공급하기도 하였다.

그리고 이들 중 일부는 스스로 상단商團을 조직하고 상업에 관련된 모든 업무를 스스로 담당하기도 하였다. 경상京商, 송상松商, 만상灣商 등이 그들이다. 이들은 물품의 수집과 판매, 금융, 숙박 등 모든 업무를 자체적으로 진행하면서 상권을 장악하기도 하였다.

전근대적인 상품거래과정을 〈그림 1〉을 통해 살펴보면 농민이나 수공업자 등의 생산자들이 생산한 상품은 이들을 방문하는 행상에게 팔리거나 장시에서 중간상이나 소비자에게 판매된다. 그 중에서 행상이 구입한 물품은 객주 등의 중간상에게 판매된다. 규모가 큰 객주는 생산자에게 직접 주문을 한 후 매입하기도 하였다. 객주가 구입한 물품은 다시 행상에게 팔려 소비자를 찾아가기도 하고 일부는 좌상座商 등에게 판매된다. 이 좌상은 가장 큰 규모의 전廛에서부터 방房, 가가假家 등이 있었다.

〈그림 1〉 전근대적 상품거래 구조

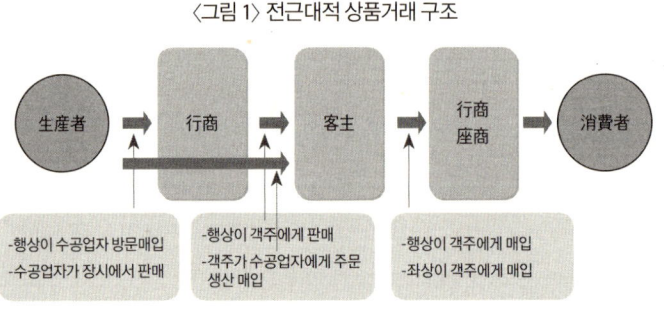

주: 본문에서 작성.

개항기에서 일제강점기까지 근대 제도와 일상생활

2) 근대적 면방직공장의 상품 판매

근대적 공장은 기본적으로 대규모 생산자이다. 근대 이전의 생산자는 소규모의 자급자족적이고 주문생산자적인 성격을 가진 생산자였다. 그러나 근대적 공장은 시장 판매를 목적으로 물품을 대량생산하는 생산자이다. 따라서 근대적 공장은 자신의 제품이 시장에서 판매되어야 이익을 실현시킬 수 있다. 따라서 자신이 생산한 물품의 판매를 늘리기 위하여 신문, 잡지, 간판, 애드벌룬 등의 다양한 매체들을 활용하여 선전과 광고를 시작했다. 이런 선전과 광고의 효과를 높이기 위해 상표商標도 사용되었다.

근대적 면방직공장 중에서 경성방직주식회사의 경우를 보면 경성방직은 대규모 생산자인 동시에 판매자의 역할을 동시에 담당하였다. 생산된 제품의 판매를 위해 경성에 있던 대규모 도매상들과 거래했는데 일부 상품은 특정한 도매상들과만 거래함으로써 독점판매권이 부여되는 효과가 나타나기도 하였다. 또한 지방의 도소매상인들과도 직접 거래를 하거나 판매주문원을 파견하여 주문을 받았으며, 가두 순회 선전까지도 했다.

> 販賣職員들을 각 지방으로 보내어 그 지방 有志와 布木商人들을 일일이 찾아보게 하고, 경우에 따라서는 그 곳 장터에서 直賣方法을 통한 宣傳을 꾀하기도 하였다. 장터 한 복판에 廣木통을 쌓아 놓고, 지나가는 장군들을 呼客하여 짝 쫙 廣木을 찢어보이며 우리 제품의 우수성을 實物로서 보여주었다.
>
> ─중략─

다음으로 1930년대에 들어서면서부터 서울 장안에서 시도한 또 하나의 새로운 宣傳方法이 있었는데, 그것은 길다란 五色 깃발에 本會社 제품의 宣傳文을 써 메고 장안의 거리 거리를 나발 불고 장고 치며 돌아다니며 광고지를 뿌리는 宣傳方法이었다.

이런 街頭 순회 宣傳方法은 月 1回 定期月例行事처럼 행하고 있었다. 울긋불긋한 깃폭마다에는 〈값 싸고 질긴 廣木 太極星廣木〉〈朝鮮서 一等廣木 太極星廣木〉 등의 宣傳文句가 커다란 글씨로 쓰여져 있었고, 이 깃발의 대오 앞에는 장고치고 나발 부는 簡易樂隊 (?)가 가히 길 가던 사람들의 시선을 끌기에 충분했었다.[5]

또한 경성방직은 〈그림 2〉에서 보는 바와 같이 신문에 "조선서 일등 광목 태극성 광목, 값싸고 질긴 광목 태극성 광목"등의 선전과 '태극성'이라는 상표를 사용해서 판매를 확대하고자 했다. 이외에도 이 시기에 三角山, 三星, 太極星, 不老草, 天桃, 三神山, 山蔘, 報喜鳥, 雙燕, 君子蘭 등의 상표를 사용하기도 하였다.

5　京城紡織, 『京城紡織五十年』, 1969, pp.269~270.

〈그림 2〉 경성방직의 광고와 상표

자료: 京城紡織, 『京城紡織五十年』, 1969.

뿐만 아니라 경성방직은 〈표 2〉와 같이 각종 전시회 등에 제품을 전시하고 박람회에 출품하는 등 상품을 알리기 위한 적극적인 노력도 함께 했다.

〈표 2〉 경성방직의 제품전시 및 박람회 출품

연도	전시회 명칭	주최	출품명
1924년	共進會	朝鮮總督府	三星, 三角山
1929년	朝鮮博覽會	朝鮮總督府	太極星, 不老草
1933년	滿洲 大連博覽會 奉天 見本市	滿洲 大連市 滿洲 奉川市	太極星, 不老草
1935년	朝鮮産業博覽會	朝鮮總督府	太極星, 不老草
1940년	朝鮮大博覽會	朝鮮總督府	太極星, 不老草

자료: 京城紡織, 『京城紡織五十年』, 1969, p.274.

박람회나 전시회에서는 오늘날에나 볼 수 있는 애드벌룬을 띄울 정도로 경성방직은 당시로서는 최첨단 광고기법을 동원했다.

> 本會社에서도 양쪽(인용자: 大連의 博覽會와 奉天의 見本市)에 모두 제품을 출품하는 한편 그럴사한 廣告 宣傳에 부심하였다. 이 때에 착안한 것이 오늘날엔 흔히 볼 수 있는 廣告 宣傳用 애드발루운(氣球)을 띄우는 方法이었다.[6]

이 외에 당시 새롭게 등장했던 잡지 등을 통해서도 경성방직이 생산했던 상품을 알리는 광고를 게재했다.

> 그러나 이상과 같은 宣傳策이나 地域的 廣告만으로는 바라는 바 소기의 목적을 다 할 수는 없었다. 여기에 보다 본격적인 宣傳 廣告의 필요성을 절감하게 되었고, 그 시도가 매스·미디어를 통한 廣告 政策이었다.
> 즉 신문, 잡지 등의 이용이 그것이었다. 주로 이용한 신문은 東亞日報였지만, 잡지는 〈朝光〉이라든가 〈三千里〉 같은 月刊誌 등에 記事提供이나 취재의 便宜 등으로 다각적인 宣傳을 꾀하였다.[7]

창립 당시 경성방직의 월간사무운영비를 보면 전체 운영비 중에서

6　京城紡織, 『京城紡織五十年』, 1969, p.271.
7　京城紡織, 『京城紡織五十年』, 1969, pp.269~271.

개화기에서 일제강점기까지 근대 제도와 일상생활

선전과 광고비용으로 분류될 수 있는 비용인 영업비, 광고비, 교제비, 여비 등의 비중이 전체의 44.5%를 차지할 정도였다. 창립시기인 만큼 제품을 알리는 일이 필요했다고 할지라도 당시 선전과 광고에 월간사무운영비의 절반 정도를 쓸 만큼 선전과 광고가 차지하는 비중이 높았다.

〈표 3〉 창립당시 월간사무운영비(예정)

과목	지출액	비중
창고 및 보험료	134,350	5.2
諸稅	41,050	1.6
봉급 및 수당	625,000	24.2
통신비	73,700	2.9
인쇄비	35,735	1.4
상표비	125,000	4.8
운임	150,000	5.8
석탄비	50,000	1.9
영업비	448,350	17.4
광고비	375,525	14.5
교제비	100,000	3.9
旅費	225,000	8.7
雜計	200,000	7.7
합계	2,583,710	100.0

자료: 京城紡織, 『京城紡織五十年』, 1969, p.240.

경성방직의 판매방식을 〈그림 3〉을 통해 살펴보면 경성방직은 원도매상에게 본사의 판매주문원이 직접 방문하거나 원도매상들의 주

문에 따라 상품을 공급했다. 원도매상은 중간도매상에게, 중간도매
상은 소매상에게 상품을 공급하고 이들과 최종소비자들이 거래하였
다. 물론 지역장터에서 본사의 판매주문원이 직접 홍보나 판매를 한
경우도 있었다.

〈그림 3〉 대규모 면방직공장(경성방직)의 상품판매

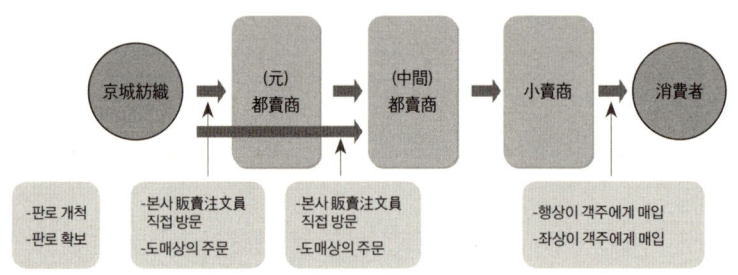

주: 본문에서 작성.

4. 결론

본 글은 근대적인 공장제도가 도입되면서 전근대적인 매매제도가
어떻게 변모하였는지를 살펴보는 것이 목적이다. 이를 위해 근대적인
공장제도가 어떻게 형성되었는가를 먼저 살펴보았다. 그중에서도 가
장 먼저 근대적인 공장제도가 형성되었던 면방직공장들을 통해 근대
적인 공장제도의 특징들을 살펴보았다. 그리고 전근대적인 매매제도
와 근대적인 공장의 상품판매 방식에 대해 살펴봄으로써 이들 사이
의 차이를 확인하였다.

근대적인 공장제도는 임노동, 기계, 일관생산체제를 특징으로 하고 있다. 즉 근대적인 공장에서는 임금노동자를 고용하여 원료부터 최종생산물까지 기계를 통하여 대량으로 생산하였다. 주문생산을 중심으로 소량의 상품을 생산하던 전근대적 생산에 비해, 불특정 다수가 참여하는 시장에서 판매하기 위해 대량으로 생산하는 방식이다. 근대적 공장제도에서는 불특정 다수가 참여하는 시장에서 상품이 판매되어야 정상적인 재생산이 가능해지기 때문에 생산자는 더욱 효율적인 판매를 하기 위하여 각종 선전과 광고를 하게 된다.

전근대적인 매매제도의 핵심은 객주 등의 중간상을 통한 매매구조에 있었다. 즉 객주를 중심으로 상품의 매입과 판매는 보부상褓負商, 선상船商 등의 행상行商들이 하고, 전廛, 방房, 가가假家 등의 좌상座商을 통해 최종소비자들에게 판매하는 방식이다. 이에 비해 근대적 공장의 상품판매는 대규모 도매상이나 지방의 도소매상과 직접 거래하고 중간상들이 다시 최종소비자들에게 판매하는 방식이다. 여기에 근대적인 매체인 신문, 잡지, 간판, 애드벌룬 등을 통한 선전이나 광고를 통해 판매를 확대하려고 한다.

결론적으로 근대적 공장제도는 중간상의 역할, 생산자의 판매 방식, 지역 판매, 광고 선전, 매매 장소 등에서 전근대적 매매제도를 변화시켰다. 첫째, 중간상의 역할 측면에서 전근대적 매매제도에서 객주는 금융, 숙박 등 매매와 관련된 모든 분야의 중심적인 역할을 하고 있었지만 근대적 공장의 상품판매에서는 단순하게 대리판매를 담당하는 도매상만을 두는 방식으로 변화했다. 둘째, 생산자의 판매방식 측면에서 볼 때 전근대적 매매제도에서는 소매판매 방식이 나타나지만 근대적 공장의 상품판매에서는 도매상에 대한 판매에 한정되는 방식으로 변모했다. 셋째, 지역판매 측면에서 전근대적 매매제도는 교통수단의 한계로 지역별로 판매가 한정되었지만 근대적 공장의 상품생산에서는 생산자가 직접 지방의 도소매상과 거래를 하는 방식으로 변화했다. 넷째, 광고나 선전 측면에서 전근대적 매매제도에서는 직접 대면 방식만이 사용되지만 근대적 공장에서는 직접 대면 이외에 신문, 잡지 등 다양한 선전 매체를 활용하게 되었다. 다섯째, 매매 장소를 보면 전근대적 매매제도에서는 정기시장이 거래의 중심이 되었지만 근대적 공장에서는 상설시장을 중심으로 거래가 이루어지는 것으로 변화되었다.

(참고문헌은 각주로 대신함)

개화기에서 일제강점기까지 근대 제도와 일상생활

청량리 또는
'교외'와 '변두리'의 심상 공간

—한국 근대문학이 재현한 동대문 밖과 청량리 근처

정선태_국민대학교 국어국문학과 교수

이 글은 『서울학 연구』(2009. 8)에 발표한 「청량리 또는 교외와 변두리의 심상 공간—한국 근대문학이 재현한 동대문 밖과 청량리 근처」를 수정·보완하였다.

1. 『무정』·영채=계월향·청량사

한국 근대소설의 새로운 장을 연 춘원 이광수의 『무정』(1917)은 윤리와 욕망 사이에서 갈등하는 '근대적 인간' 이형식의 내면풍경을 그리고 있다. 경성에서 부르주아적 삶을 영위하고 있는 김장로의 딸 선형과 혼인을 약속한 이형식은, 고아나 다름없던 자신을 키우고 가르쳐준 은인 박진사의 딸 영채가 기생 계월향이 되어 나타나자 일순 혼란에 빠진다. 어떻게 할 것인가. 이광수는 주인공 이형식이 윤리를 배반할 수 있는 계기(또는 서사 장치)를 마련해 놓았는데, 영채=계월향의 겁탈 사건이 그것이다. 다시 말해 사사건건 이형식과 대립각을 세워왔던 배명식과 김현수로 하여금 영채를 겁탈하게 함으로써 작가는 주인공 이형식이 윤리적 부담감을 털고 선형을 택할 수 있는 일종의 자기정당화의 단서를 제공하고자 했던 것이다. 그런데 그 '겁탈 사건'이 벌어진 곳이 청량리의 청량사라는 암자였다.

'다방골' 기생집에서 영채가 청량리로 갔다는 말을 전해들은 형식은, 영채가 위협에 처했음을 직감하고 청량리로 향한다. 종로에서 전차로 동대문까지 온 그는 신우선과 함께 그곳에서 내려 청량리행 전차로 바꿔 탄다. '철물교', '배오개', '동대문' 그리고 "친잠親蠶하시는 상원蒸園 앞 버들 사이를 지나 청량리를 지나 홍릉 솔숲 속"으로 달려간다. 『무정』의 주인공 이형식은, 1899년 5월 17일 고종 황제의 홍릉(명성황후의 능) 행차에 편의를 도모하기 위해 부설된 전차를 타고,[1] 위기

---

1 김영근, 「일제하 일상생활의 변화와 그 성격에 관한 연구」, 연세대사회학과대학원 박사학위

에 처한 옛 은인의 딸을 구하러 나섰던 것이다. '도다이몬 슈텐' 즉, 동대문 종점에서 청량리행 전차가 오기를 초조하게 기다리는 이형식의 귀를 때리는 것은 발전소에서 들리는 "쿵쿵쿵 하는 발전기 소리"이다. 동대문 밖에 있던 발전소의 불길한 소리를 뒤로 한 채 이형식은 청량리로 향한다. 그리고 『무정』의 작가는 '청량사 사건'을 이렇게 묘사한다.

> 두 사람은 청량사에 다다랐다. 두 사람의 뒤를 따르는 사람은 종로경찰서의 형사였다. 우선은 김현수의 가는 집을 잘 알았다. 그 집은 우물 북쪽에 있는 조고마한 암자라, 여러 암자 중에 제일 깨끗하고 조용한 암자였다. 우선은 형식에게 손짓을 하여 문 밖에 서 있으라 하고 가만히 안에 들어갔다. 형식은 '여기 영채가 있는가' 하고 다리를 떨며 귀를 기울였다. 똑똑지는 아니하나 여자의 괴로워하는 소리가 나는 듯하다. 형식은 손으로 가슴을 만지며 한 걸음 더 들어서서 귀를 기울였다. 과연 여자의 괴로워하는 소리로다. 형식은 정신을 차리지 못하고 뛰어들어갔다. 방에는 불이 켜 있고, 문을 닫쳤는데 머리를 깎은 사람의 그림자가 얼른얼른한다. 형식의 호흡은 차차 빨라진다. 우선이가 창으로 엿보다가 고양이 모양으로 가만가만히 나오면서 형식의 어깨에 손을 짚고 가늘게 일본말로,
> "모 다메다(벌써 틀렸다)" 한다. 형식은 그만 눈에 불이 번뜻 하면서 '흑' 하고 툇마루에 뛰어오르며 구두 신은 발로 영창을 들입다 찼다.

논문, 1999, pp.97~98 참조.

개화기에서 일제강점기까지 근대 제도와 일상생활

영창은 와지끈 하고 소리를 내며 방 안으로 떨어져 들어간다. 형식은 영창을 떠들고 일어나는 사람을 얼굴도 보지 아니하고 발길로 차 넘겼다. 어떤 사람이 형식의 팔을 잡는다. 형식은 입에 거품을 물고, "이놈, 배명식아!" 하고는 기가 막혀 말이 아니 나온다. 형식은 아니 잡힌 팔로 배학감의 면상을 힘껏 때리고, 아까 형식의 발길에 채어 거꾸러진 사람을 힘껏 이삼 차나 발길로 찼다. 그 사람은 저편 문을 열고 뛰어나갔다. 형식은,

"이놈, 김현수야!" 하고 소리를 쳤다. 그러고는 넘어져 깨어진 영창을 들었다. 여자는 두 손으로 낯을 가리우고 흑흑 느낀다. 손과 발은 동여매였다. 그리고 치마와 바지는 찢겼다. 머리채는 풀려 등에 깔렸고, 아랫입술에서는 빨간 피가 흐른다. 방 한편 구석에는 맥주병과 얼음 그릇이 넘느른하고 어떤 것은 깨어졌다. 형식은 얼른 치마로 몸을 가리고 손발 동여맨 여자를 안아 일으켰다. 여자는 얽어매인 두 손으로 낯을 가리운 대로 울기만 한다.[2]

"우물 북쪽에 있는 조고마한 암자", "여러 암자 중에서 제일 깨끗하고 조용한 암자"인 청량사에서, 이형식이 영어교사로 근무하던 경성학교 교주 김남작의 아들 김현수와 학감 배명식이 기생 계월향을 '겁탈'하는 이 장면은, 1910년대 후반 『무정』이 한국 근대문학사에 몰고왔던 '충격' 못지않게 인상적이다. 신마치新町나 다방골이 아닌 '청량淸凉'한 암자에서 내로라하는 경성의 인물들이 "맥주병과 얼음 그릇

2 이광수, 『무정』, 동아출판사, 1995, pp.124~125.

이 넘느른하"게 술판을 벌이고, 급기야 가족을 위하여 마지못해 기생이 된 영채=계월향을 겁탈하고 있는 것이다. 이렇게 동대문 밖 청량리는 『무정』을 통하여 "형식을 위해 정절을 지켜" 온 영채=계월향의 처녀성 상실과 함께, 아니 무너지는 전통적 윤리를 상징하는 영채의 서러운 눈물과 더불어 한국 근대문학의 전면에 등장한다.[3] 그리고 『무정』에서 읽을 수 있는 청량리라는 공간의 이미지 또는 심상 공간[4]은 식민지 시대에 생산된 문학적 텍스트를 통해 반복적으로 재생산되면서 산보와 유희와 오락의 공간, '향락의 전당'[5]으로 고착되는 양상을 보인다.

---

3 청량리 근처의 절이 유흥공간으로 전용(轉用)되고 있었다는 것은 『무정』 이전에 씌어진 다카하마 쿄시의 소설 「조선」에서도 알 수 있다. 「조선」은 일본 근대의 대표적인 하이쿠 시인 중 한 사람인 다카하마 쿄시(高浜虚子, 1874~1959)가 1911년 조선을 여행하고 쓴 단편소설이다. 이 소설에서 다카하마는 이렇게 쓴다. "나는 이것이 절인가 하고 약간 놀라, 그 낮은 처마와 낮은 문을 쳐다보았다. 그러나 조선 절은 대부분 요릿집과 같이 양반들이 기생을 데리고 묵으로 가는 곳이라는 이야기를 들은 것이 기억나, 어쩌면 농염한 젊은 비구니가 이 문에서 나올지도 모른다고 거의 호기심에 기다리고 있었다. 이윽고 문을 따는 소리가 들리며 나타난 것은 언뜻 열두세 살의 남자애로 믿어지게 머리를 5푼 길이로 깎은 하얀 옷을 입은 나이 많은 비구니였다."(다카하마 쿄시, 이한정·미즈노 다쓰로 편역, 「조선」, 『일본작가들이 본 근대조선』, 소명출판, 2008, pp.120~121.) 우리의 논의와 관련하여 이 소설은 청량리 근처의 절(어느 절인지는 분명하지 않다)뿐만 아니라 일본인 작가의 시선에 포착된 1910년대 초반 경성의 풍경을 비교적 사실적으로 그리고 있다는 점에서 주목할 만한 텍스트라 할 수 있다.

4 '심상'이라는 개념은 지리·지역학적 관점과 구별되는 인간의 내면과 관련된 경험이나 기억, 사상, 사고의 메커니즘을 의미한다. '심상 공간'이란 감각의 차원을 넘어 이미 직간접적으로 경험되어 기억 속에 저장된 감각이나 사고를 재구성하는 공간 또는 장(場)을 뜻한다(손지연 외, 「전환기 메이지문학의 동경 표상과 일본인의 심상지리」, 『에도·도쿄의 표상과 심상지리, 17C~20C』, 단국대학교 일본연구소 제22회 국제학술심포지엄 자료집, 2007. 4).

5 "때마침 일요일이라 淸涼寺 입구에는 이러니 저러니 상당히 많이 몰렸다. 누가 총칼을 메고 쫓아오는지 자동차를 숨 급하게 달리는 사람, 하늘 땅이 무너져도 나는 모른다는 듯이 흐느져서 걷는 사람 조금도 틀림없이 모두들 '향락의 전당'으로 몰리는 패들이다. 절간을 찾아가고 요리점으로 들어선다. 그러나 절간이나 요리점이 그렇게 필요를 느끼지 않는 우리는 洪陵 舊址인 林業試驗場 쪽으로 발길을 돌렸다." 신림, 「綠陰漲滿地」, 『삼천리』, 1935. 8, p.188.

2. 청량리, 전차가 발견한 '경성'의 교외

서구 자본주의가 전성기를 구가하던 시대인 19세기 말 20세기 초를 배경으로 하여, 테크놀로지의 발달에 따른 시간과 공간 인식의 변화 양상과 이에 동반한 삶과 사유의 변모 양상을 문화사적 시각으로 추적하고 있는 책『시간과 공간의 문화사』에서 저자 스티븐 컨은 다음과 같이 말한다.

> 역사를 전체적으로 살펴보면 인구 증가는 도시를 확대시키는 경향이 있었지만, 거기에는 언제나 하나의 제한이 있었다. 노동자들이 도보나 말을 이용해 작업장으로 갈 수 있는 거리여야 한다는 제한이 그것이었다. 19세기 후반에 철도와 노면전차가 발전함에 따라 그 한계범위가 점점 넓어지더니 마침내 '전차 교외streetcar suburbs'까지 포함하게 되었다. 전 유럽과 미국의 도시 여기저기에서 그런 식의 교외가 마구 생겨나자 낡은 공간적 형식들은 붕괴되었다. 기존의 지역 구분들은 순식간에 무너지고 시골 마을은 통근자들로 넘쳐났으며 새로 조성된 지역들이 도시의 낡은 경계를 뛰어넘어 마구 뻗어나갔다.
>
> 교외 거주를 통해 수많은 사람들이 도시생활의 미덕과 시골생활의 미덕을 결합시킬 수 있게 되자 새로 등장한 각양각색의 도시들은 저마다 새로운 생활양식을 수반하게 되었다. 이런 현상에 대한 반응은 크게 두 가지로 갈렸는데, 전통지향적인 사람들은 전원생활의 사적인 성격이 상실된다면서 개탄했고, 다른 사람들은 교외를 전원생활의 고립과 편협한 지방주의는 물론 도시의 혼잡과 퇴폐를 중화

시켜줄 교정물로 간주했다.[6]

전차와 철도를 비롯한 교통수단의 발달은 낡은 공간형식을 무너뜨리면서 새로운 공간형식을 창출했다. 자본의 욕망이 근대도시를 추동한 동력이었다면, 그 동력의 구체적 표상이 다름 아닌 근대적 교통시설이었다. 더욱 빨라진 교통망은 인간의 신체뿐만 아니라 의식까지 바꾸어 놓기에 충분했으며, 압축된 공간을 넘나드는 사람들의 시간의식에까지 심대한 변화를 몰고 왔다. 교통망을 따라 형성된 거리와 장소는 현대적 감수성을 전파하는 통로이기도 했다.[7] 사람들은 이제 새롭게 형성된 거리와 장소를 소비하면서 감수성의 폭을 확대해 나갔다. 그리고 자본주의적 욕망의 확대=도시의 확대의 결과라 할 수

6　스티븐 컨, 박성관 옮김, 『시간과 공간의 문화사 1880~1918』, 휴머니스트, 2004, pp.466~467.

7　1920년대를 거쳐 1930년대로 들어서면서 이른바 도시적 감수성으로 무장한 일련의 시인들과 소설가들이 등장한다. 꼭 모더니스트가 아니라 하더라도 이들은 근대적 도시가 '전염시킨' 감수성으로부터 자유로울 수가 없었다. 그 감수성의 정체를 뭐라 한마디로 정의하기는 쉽지 않지만 외로움·고독·피로·권태·신경쇠약 등 병리적 현상을 동반하는 경우가 많았다. 김기림·김광균·이상·박태원·최명익 등 이른바 모더니스트들의 작품은 물론이고 도시공간을 무대로 한 텍스트들은 다양한 방식으로 도시적 감수성에 노출되어 있었다. 예컨대 박팔양의 「점경(點景)」이라는 시도 그 가운데 하나이다. 박팔양은 도시와 그 거리에 선 시적 화자의 내면을 이렇게 그린다. 도회./ 밤 도회는 수상한 거리의 숙녀인가?/ 그는 나를 고혹(蠱惑)의 뒷골목으로/ 교태로 손짓하며 말없이 부른다.// 거리 우의 풍경은 표현파의 그림./ 붉고 푸른 채색등, 네온싸인,/ 사람의 물결 속으로 헤엄치는 나의 젊은 마음은/ 지금 크나큰 기쁨 속에 잠겨 있다.// 쉬일 사이 없이 흐르는 도회의 분류(奔流) 속으로/ 내가 여름밤의 조그마한 날벌레와 같이/ 뛰어들 제. 헤엄칠 제. 약진할 제./ 아름다운 환상은 나의 앞에서/ 끊임없이 명멸하고 있다.// 그러나 이윽고 나는 나의 피로한 마음 우에/ 소리도 없이 고요히 나리는 회색의 눈[雪]을 본다./ 아아 잿빛 환멸 속의 나의 외로운 마음아./ 페이브먼트 우엔 가을의 낙엽이 떨어진다.// 이것은 1930년대의 서울/ 늦은 가을 어느 밤거리의 점경.// 기쁨과 슬픔이 교착되는 네거리에는/ 사람의 물결이 쉬임없이 흐르고 있다(박팔양, 「점경」, 『여수시초』, 박문서관, 1940).

개화기에서 일제강점기까지 근대 제도와 일상생활

있는 교외의 탄생에 근대적 교통수단이 결정적인 산파 노릇을 했다는 것은 두말할 필요도 없다. 그 과정을 부정적으로 바라보든 긍정적으로 바라보든, 교외화郊外化는 피할 수 없는 현실이었다.

그렇다면 한강변과 함께 새로운 '교외'로 떠오른 '청량리'에서는 무슨 일이 있었을까. 아니, 청량리에 대한 동시대인의 감각이랄까 인상은 어떠했을까. 1920년대 초반, 어느 전차 차장車掌의 시선에 포착된 경성의 풍경과 청량리에 대한 상상은 이러했다.

나는 어제 하루를 논 후에 오늘은 야근夜勤을 하게 되었다. 오늘은 동대문서 청량리淸凉里를 향하여 떠나게 되었다. 오후 여덟 시나 되어 날이 몹시 추워졌다. 바람도 몹시 불기를 시작하야 먼지가 안개처럼 저쪽 먼 곳으로부터 몰아온다. 여름이나 봄, 가을에는 장안의 풍류 남아 처놓고 내 손에 전차표를 찍어보지 않은 사람이 별로히 없을 것이요, 내 손 빌지 않고 차 타지 않은 사람이 별로히 없었을 것이다. 그러나 오늘은 일요일은 일요일이지마는 나뭇잎은 어느덧 한란이 들어서 시름없이 떨어지고 수척한 나무들이 하늘을 뚫을 듯이 우뚝우뚝 솟았는데 갈가마귀떼들이 보금자리로 돌아간 지도 얼마 되지 않고 다만 시골 나무장사와 소몰이꾼들의 "어디여, 이놈의 소" 하는 소리가 들릴 뿐이다. 탑골승방 영도사 또는 청량사 들어가는 어구는 웬일인지 전보다 더욱 쓸쓸해 보인다.
우리 차는 다시 동대문에 갔다 놓았다. 나는 트롤리를 돌려대고 다시 차 안에 올라서 차 떠날 준비를 하려 할 때 차안을 들여다보니까 그저께 새벽에 만났던 여자가 그 안에 앉았다. 나는 반가웁기도

하고 또 한편으로 놀라웁기도 하야 한참이나 물끄러미 건너다보고 있었다. 가슴 속에서 타기를 그쳤던 그 피가 다시 한꺼번에 와짝 타오르기를 시작하였다.

-중략-

전차가 영도사 들어가는 어구에 정거를 하자 그들은 거기서 내렸다. 이것을 보고서 나는 일종의 의심이 일어나기 시작하였다. 그 차표를 사던 남자가 나의 눈으로 보기에 어째 부랑성浮浪性을 띈 듯 하였고 또는 그 눈이나 입 가장자리가 몹시 음탕하여 보였으며 그가 그 여자를 데리고 음부탕자淫婦蕩子가 비교적 많이 오는 한적한 절로 들어가는 것이 장차 무슨 음탕한 사실이 그 속에서 생길 듯하여 공연히 그 남자가 미운 동시에 끌려가는 그 여자에게 동정이 갔다. 전차 차장의 직업이 그리 귀하지도 못한 것을 나는 안다. 비교적 얕은 지위에 있어서 어떠한 계급을 물론하고 날마다 그들을 만나게 되는 동시에 이와 같이 수상스런 사람들을 많이 보지마는 이러한 수상스러운 남녀를 볼 적이면 공연히 욕도 하고 싶고 그들을 잠깐이라도 몹시 괴로웁게 하고 싶은 생각이 나는데 이번에 본 이 여자로 말하면 처음에 그와 같이 남루한 의복에다가 돈 한 푼 없이 나에게 전차표를 얻어가던 자로서 오늘 와서 나를 대하는 태도도 몹시 거만하고 또는 적은 은혜나마 은혜를 모르는 것이 가증한 생각이 들기는 들면서도 웬일인지 나의 가슴 가운데 있는 정서情緖를 살살 풀리게 하는 듯 하였다. 그래서 그를 떼여 보낼 때 나의 마음은 또 다시

개항기에서 일제강점기까지 근대 제도와 일상생활

섭섭하였다.[8]

전차 차장 노릇을 하는 '나'는 경성 구석구석을 누비면서 풍경과 오가는 사람들을 관찰한다. '전차=시민의 발'이 닿는 곳은 당시 식민지 도시 경성에 살던 사람들의 동선動線과 포개진다. 남대문에서 서대문으로, 종로에서 동대문으로, 그리고 동대문에서 청량리로 이동하는 전차를 따라 '나'의 시선은 차 안의 풍경과 차 밖의 풍경을 포착한다. 특히 청량리는 이른바 '전차 교외'라 부를 수 있는 곳이었다. 『무정』의 이형식이 전차를 타고 청량리로 갔듯이, '나'도 차장이라는 직업상 청량리라는 곳을 피할 수가 없다. '탑골 승방'과 '영도사'와 '청량사'로 들어가는 어귀는 왠지 쓸쓸하다. 승방이고 절인 만큼 그렇게 호젓하고 또 쓸쓸하게 보일 수도 있었을 터이다.

전차 안에서 '나'는 한 '여자'를 우연히 만난다. 그런데 며칠 전에 만나 자신이 '적선'을 해주었던, 그리고 내심 "그(여자—인용자)의 손으로 주는 차표를 받을 생각을 하니까 웬일인지 공연히 마음이 두근두근하여지는 것이 온몸이 홧홧 달"아오르는 듯한 느낌이 들 정도로 호기심을 갖고 있던 여인이, "금테 안경 쓰고 윗수염을 까뭇까뭇하게 기르고 두 눈 가장자리가 푸르둥하고 콧날이 우뚝한 삼십이 넘을락말락한 사람"과 동행하고 있지 않은가. 돈푼이나 있는 것처럼 보이는 이 남자와 여자가 내린 곳은 다름 아닌 청량리에 있던 영도

8   나도향, 「전차 차장의 일기 몇 절」, 『개벽』, 1924. 12, pp.143~145.

사永導寺9라는 절 입구이다. 그 순간 '나'는 "일종의 의심"을 지우지 못한다. 청량리의 영도사란 "음부탕자淫婦蕩子가 비교적 많이 오는 한적한 절"이라는 인상으로 남아 있기 때문이다. 그곳은 "수상스러운 남녀"들이 "음탕한" 짓을 하기 위하여 찾는 장소라는 이미지가 '나'를 사로잡고 있는 것이다.

전차가 낳은 '교외' 청량리 근처의 사찰은 이처럼 '음부탕자'들의 놀이터로 인식되고 있었다. 신설동에 자리잡고 있던 토막촌土幕村의 풍경이나 청량리역 근처를 오가는 '조선의 얼굴'을 그리기보다는,『무정』을 쓴 이광수가 그랬듯이,「전차 차장의 일기 몇 절」의 작가 나도향역시 청량리 근처를 남녀가 은밀하게 만나 놀고 마시는 곳으로 묘사하고 있는 것이다. 이는 청량리라는, 식민지 도시 경성의 교외가 스티븐 컨의 지적대로 "도시의 혼잡과 퇴폐를 중화시켜"주는 공간을 넘어퇴폐성을 조장하고 강화하는 장소로 이미지화되었다는 것을 보여주는 예라 할 수 있을 것이다.

청량리 근처의 절이 이처럼 '밀회의 공간' 또는 '타락의 공간'으로이미지화된 예는 적잖이 찾아볼 수 있다. 예컨대 엄흥섭嚴興燮은「악희惡戲」라는 소설에서 자신의 딸 '보경'이 어떤 사내와 청량리 근처의

개화기에서 일제강점기까지 근대 제도와 일상생활

---

9 당시 동대문 밖 청량리 쪽에는 영도사와 화동학교가 있었다. 영도사는 당시 문인들의 모임터이기도 했다. 강원도 고산군의 석왕사와 쌍벽을 이루던 곳이었다. 이광수, 방인근 등도 이곳으로 나들이를 했다. 영도사 부근 용두동에는 조선문단사가 들어서고, 모윤숙과 정비석 등이 살고 있었다. 또한 영도사는 젊은이들의 데이트 장소이기도 했다. 영도사 경내의 대원암은 1900년대 동대문 시장 상인들이 주로 모이던 곳이었고, 화동학교는 상인들의 자제가주로 다니던 곳이었다. 영도사는 당시 영화관계자들이 모여 조선 연예계 발전을 논의하는장소로도 쓰였다. 단성사 설립 논의도 이곳에서 이루어졌다. 영도사는 후에 개도사(開導寺)로 이름을 바꾼다. 김정동,『문학 속 우리 도시 기행』, 옛오늘, 2001, pp.39~40 참조.

어느 절로 들어가는 것을 보고 타락했다는 심증을 굳힌다. 이 소설의 화자는 저간의 사정을 다음과 같이 피력한다.

> 보경이는 청량리 전차가 닿는 동대문 앞 정류장에서 청량리행 전차에 올나타데. 나는 약 오 분 뒤에 그 뒤차 타고 바로 쫓았네. 내가 청량리에서 내렸을 때는 보경이는 어떤 사나이와 나란히 서서 소나무 사이 길을 걸어 절로 행하데그려. 나는 벌써 때가 늦었음을 한탄했네. 나는 보경이 년이 벌써 나란히 선 그 사내 녀석과 여지없는 젊은 작란들을 했을 것만 같데. 나는 그것을 생각지 않으려고 머리를 좌우로 흔들었네. 나는 이미 옆길로 미끄러진 내 딸년보다도 민식이가 더 한층 가엽게 여겨지데. 만일 사나이와 나란히 서서 절길을 걷고 있는 보경이 모양을 민식이가 어디서 보고 섰다면 나는 무어라고 민식에게 변명을 할 것인가? 무어라고 위로를 할 것인가? 하고 생각하니 민식에게 더 한층 민망한 생각이 가슴을 찌르데. 나는 쫓아가서 보경이년을 잡아끌고 집으로 돌아와 흠뻑 뚜드려 주고도 싶은 생각이 나데만은 그것은 이미 만경晚境에 기우러진 중병을 한 대의 주사로써 고쳐 보겠다는 풋내기의 의사가 가진 만용 이외에는 다른 아무 것도 아니라고 생각하고 이를 갈면서 발길을 돌리었네.[10]

---

10 엄흥섭, 「악희」, 『개벽』, 1935. 1, p.80.

3. '야외 산보'의 미학과 그 이면

조선 최초의 비행사 안창남安昌男은 비행기를 타고 1,100미터 상공에서 내려다 본 경성이 "일본 동경東京보다 좁기는 하나마 몹시도 깨끗하고 어여뻐 보였"다고 말한다.[11] 안창남으로 하여금 "오오 경성아!"를 외치게 했던 식민지 도시 경성. 여의도 비행장을 떠난 비행기는 남대문과 독립문과 종로와 창덕궁과 창경원과 총독부 병원을 거쳐 "동소문 밖에 눈 쌓인 원산遠山까지 내려다보면서 동대문 위로 지나 청량리 줄버들과 안암동, 우이동 가는 되넘이고개까지" 경성 전역을 눈에 선하게 조감한다. 하늘에서 바라본 안창남의 시선에 포착된 경성은, 그러니까 세속적 현실을 괄호치고 바라본 경성은 그야말로 깨끗하고 어여뻤을 것이다. 특히 야외/교외를 산보하는 선남선녀들을 보았다면 더욱 그러했을 것이다. 식민지 시대 배운 것이 있거나 돈 푼 있는 사람들 사이에 '야외 산보'는 하나의 유행어였다. 나혜석羅蕙錫은 '아름다운 남매의 기記'라는 부제가 달린 「이성간의 우정론」이라는 글에서 이렇게 쓴다.

방안 공기空氣는 좀 빡빡해졌다.
"날도 따뜻합니다. 우리 청량리로 산보나 가십세다."
S는 모자를 들고 일어섰다. R도 일어섰다.

---

11 안창남, 「공중에서 본 경성과 인천」, 『개벽』, 1923. 1, p.96. 전문은 부록으로 실린 자료편을 참조할 것.

파고다공원 앞에서 동대문행을 탔다.

맑고 푸르고 높은 늦은 봄날 오후에 청량리 공기는 시원하였다. 수풀 사이로 대학예과 건물이 보이고 사택舍宅도 보였다.

잠잠히 있던 S는

"대학교수로 생활안정이나 되어 저런 곳에 살면 좋으렸다."

"좋고말고. 그야말로 사바세계를 떠난 것 같지."

두 사람은 한없이 걸어 막다른 골목이 되었을 때 다시 옆 산을 넘어 승방僧房 있는 뒷산 꼭대기에 올랐다. 거기는 앞이 탁 터지고 시원한 바람이 불어 들어왔다. 두 사람이 이마에 땀을 씻으며 휘 한숨을 쉬었다.

"참 시원하다. 내 속은 언제나 이렇게 시원하랴나."

R은 이렇게 말하고 멀거니 서서 먼 산을 건너다본다.[12]

답답한 서울을 벗어나 산보를 떠나는 곳, 그곳이 청량리였다. 파고다공원 앞에서 동대문행 전차를 타고 동대문에서 내려 청량리행으로 갈아탄다. 수풀 사이로 1924년에 설립된 경성제국대학 예과[13]가 보

---

12 나혜석, 「이성간의 우정론」, 『삼천리』, 1935. 6, pp.100~101. 청량리에 있던 '절간'은 이처럼
   술과 밥을 파는 곳이었을 뿐만 아니라 결혼식이 열리는 곳이기도 했다. 이와 관련하여 무용
   가 최승희(崔承喜)는 다음과 같이 회고한다. "나는 지금으로부터 滿 3年前인 昭和 7년(1932
   년-인용자) 봄 한양의 옛 城에는 봄풀이 푸르렀고 청량리 永導寺에는 녹음이 바야흐로 무
   르녹으려던 때 내 나이 바로 20의 봄을 맞이하게 되는 해에 서울의 교외의 어느 한 조고마한
   절간에서 靑春으로서의 가장 거룩하고 행복스러운 饗宴인 결혼의 예식을 끝마쳤습니다."
   (최승희, 「꿈을 안고 동경으로」, 『삼천리』, 1935. 7, p.79.)

13 당시 청량리에 있었던 경성제대 예과 학생들에 대한 평판은 그다지 좋지 않았던 듯하다. 하
   나의 예를 보면 다음과 같다. "空氣 좋은 淸凉里에 校舍와 寄宿舍가 있단다. 寄宿舍가 있은
   들 무엇하리오. 오히려 不經濟다. 하루에도 열두 번씩 電車를 타고 市內 出入을 하니. 밤 늦

인다. 둘은 시원한 청량리의 공기를 마시며 승방이 있는 뒷산으로 갔다가 밥을 사먹기 위해 노여승과 처녀 여승이 사는 집으로 들어간다. 이곳에서 그들은 "표주박에 기름을 치고 투각(튀김—인용자)을 부셔 넣고 고비나물 도라지나물을 넣고 두부 소전골 국물을 쳐서" 맛있게 비벼먹고는 밥값을 치르고 나온다. 이곳에서는 이러한 밥뿐만 아니라 원한다면 술까지 마실 수 있다. 두 사람은 노스님의 배웅을 받으며 산등성이를 넘는다. 뉘엿뉘엿 석양이 지고 "전등불이 보일락말락 할" 때쯤 두 사람은 "청량리 역전에서 전차를 타고 쉬이 다시 만나자는 약속으로 전차 속에서 작별"을 한다. 이것이 이른바 '선남선녀'의 청량리 산보의 풍경이다.

이와 관련하여 김기림金起林은 "때때로 나는 서울을 미워도 하다가도 그를 아주 버리지 못하는 이유의 하나에 그는 그 교외에 약간의 사랑스러운 산보로를 가지고 있다는 점도 들어 있다"고 하면서, 다음과 같이 청량리의 산보로散步路를 예찬한다.

산보는 군君의 건강에는 물론 사상의 혼탁을 씻어버려 주는 좋은

개화기에서 일제강점기까지 근대 제도와 일상생활

도록 市內에 들어와 카페 等으로 돌아다니며 電車가 끊어질 때까지 있다가 밤 늦게야 허덕이며 寄宿舍까지 걸어간다고. 저녁 못 얻어먹고 그 밤을 지내는 학생이 半數가 넘는대! 너무 아바레루 한다. 無邪氣한 그들이 어떻든 무척 귀염성이 있어 보이나 혹시 長髮俱樂部 會員을 만날 때는 原始人을 連想케 하며 그날 재수 없는 感을 준다. 그러나 儉素하고 勤勉하니 귀엽기는 귀여워! 겨울에는 망토를 입고 다니가가 女學生 씌워 주기가 일쑤인 모양이다. 新入生 때에는 自動車로 新町을 구경한다지? 先輩들의 責任이라고 하여. 社會現象을 一一히 알아야 된다고 案內하는 까닭이라나! 이런 구경은 안 시켜도 좋을 일. 이러케 實社會는 잘 알아도 조선말은 모르고 또 조선글 쓸 줄도 모르는 조선 학생들!"(박은선, 「男學校評判記」, 『동광』, 1932. 11, p.75.)

위생衛生이다. 틈만 허락한다면 매일이라도 좋지만 비록 토요일의 오후나 일요일 아침에라도 동대문에서 갈라져 나가는 청량리행 전차를 잡아타기를 나는 군에게 권고하고 싶다.

왜 그러냐 하면 그 종점은 내가 사랑하는 그리고 군도 사랑할 수 있는 가장 아담한 산보로의 하나를 가지고 있는 까닭이다.

우리는 종점에서 전차를 내려서 논두덩에 얹힌 좁은 길을 따라가면 북으로 임업시험장의 짙은 숲속에 뚫린 신작로新作路에 쉽사리 나설 수가 있다. 세상 소리와 흐린 하늘을 피하여 우리는 숲속에 완전히 몸을 숨길 수도 있다.

군은 고요한 숲을 사랑하는 우량한 사상을 가지고 있으리라고 나는 믿는다. 일찍이 '아리스토텔레스'도 그 철학을 숲속에서 길렀다고 하지 않는가? 숲속이라 한 곳에 그리 높지 아니한 방천防川이 좌우 옆에 갈잎을 흔들면서 맑은 시냇물을 데리고 길게 돌아갔다.

이 방천을 걸으면서 군은 서편 하늘에 짙어가는 노을을 쳐다 볼 수가 있을 것이다. 풀잎에 맺힌 이슬방울을 손바닥에 굴릴 수도 있을 것이다. 은모래 위를 조심스럽게 흘러가는 그 맑은 시냇물에 군의 불결한 사상을 가끔 세탁하는 것은 군의 두뇌의 건강을 위하여 충분히 청량제가 될 수 있는 일이다.

숲속의 산보로———나는 때때로 붓대를 책상 귀에 멈추고는 생각을 그 길 위로 달리기로 한다.[14]

---

14 김기림, 「자연의 전당 대경성 풍광: 청량리」, 『조광』, 1935. 10, pp.68~69. 채만식도 교외의 산책 장소 가운데 청량리를 꼽는 데 주저하지 않았다. 그는 「청량리의 가을」이라는 글에서 이렇게 말한다. "淸凉里를 나가서 지금 京畿道 林業試驗場이 된 숲속으로 들어섭니다. 그

청량리 산보로가 눈에 잡힐 듯이 선명하다. 김기림의 말에 따르면 청량리 산보는 그야말로 세속에 찌든 몸과 머리를 청결하게 하는 청량제淸凉劑이자 건강한 사상이 싹트는 토양이었다. 뿐만 아니라 청량리행은 현실의 고통을 씻어버릴 수 있는 기회이기도 했다. 예컨대 신림申琳은 청량리의 자연을 "녹음의 청량", "선경같은 녹음"이라 부르며 이렇게 찬양해 마지 않는다.

물이 잔잔히 흐르는 개천가로 수림이 울울鬱鬱히 자욱하게 우거선 숲 사이로 이리저리 돌아다녔다. 그만 격분激憤된 감정, 비통한 기분도 사라져 버린다. 오직 녹음의 청량淸凉, 신비로움에 도취하여 버린다. 제절로 '松松栢栢靑靑立, 枝枝葉葉萬萬節'이란 창창蒼蒼한 녹음을 두고 구상한 문구를 거듭 불렀다. 누구나 이 선경仙境 같은 녹음을 바라보고 밟아 볼 때 평화의 꿈속에 잠기는 듯한 아늑한 생각을 가지지 않으랴. 마음의 정화를 고요히 느끼게 한다. 여기는 거리에서 보고 듣는 위선, 강제 쟁탈, 사악한 것은 하나도 없다. 오직 잡雜되고 사악한 것이 있다면 고요히 잠들고 있는 공기를 헤치고 들려오는 새소리, 아득한 창공에서 비쳐오는 햇볕이 숲 사이로 약간씩

속이 벌써 주인 없는 큰 정원을 들어선 듯하여 마음이 후련한데 그곳을 지나 그 區內를 벗어나면 시냇물이 흐릅니다. 드라이브하는 자동차 等屬은 물론 그림자도 없고 인적이 드문 솔숲과 모래 바닥을 소리 없이 굴러가는 얕은 시내뿐입니다. 내가 이곳을 처음 간 것이 작년 가을인데 미상불 서울 근교에서 하루의 산책지! 더욱이 가을 날로는 매우 좋은 곳인 줄 여겼습니다. 더구나 이 시내를 끼고 좀 더 가면 정말 시골이 나오고 그곳에 두어 곳 과수원이 있어 포도니 배니 하는 과실을 자미있게 먹을 수가 있습니다. 우리 같은 黃金不足症의 半生固疾에 걸린 興致客에게는 안성맞춤인 줄 여깁니다."(채만식, 「청량리의 가을」, 『동광』, 1932. 10, p.54.)

스며드는 것이었다.[15]

그러나 현실은 그렇게 여유로울 수만은 없었다. 특히 하루의 끼니를 이어가기 어려운 사람들에게 식민지 도시 경성은 힘겨운 삶의 현장, 바로 그것이었다. 인력거꾼 김첨지가 죽어가는 아내를 두고 돈벌이에 매달려야 하고, 도심부로 진입하지 못한 이농민들이 사대문 밖에 토막을 짓고 한겨울을 나며, 그도 못한 사람들은 남부여대男負女戴 낯선 땅으로 정처없이 떠나야 하는 것이 일반 민중들의 삶이었다. 그런 사람들, 예를 들어 "65전으로 냉이 사고 조개 사고 쇠고기 사고 술 사고 해서 5~6명의 인간이 즐겁게 배부르게 실컷 나눠 먹고서 배를 두드리며 노래까지" 하는 '프로無産者'의 눈에 교외로 산보나 밀회를 즐기러 다니는 '뿌르有産者'가 곱게 보일 리 없다. 여기에서도 청량리와 영도사가 빠지지 않는데 춘파春坡 이응성李應星은 「프로'의 봄과 '뿌르'의 봄」에서 이렇게 말한다.

봄은 왔다. 마음이 별로 싱숭생숭해진다. 야외로 가든지 사원寺院으로 가든지 어디든지 갔으면 좋겠다. 그러나 내 신세에 그런 곳을 갈 수가 있을까? 무산자無産者에게도 야외가 있고 사원寺院이 있을 수 있을까? 아니 무산자에게도 봄이 왔을까? 무산자에게는 봄도 없겠지? 생각하니 기가 막힌다. 봄은 분명한 봄인데 나의 마음속에는 종시終是 봄이 아니 오는구나!

15 신림, 「綠陰漲滿地」, 『삼천리』, 1935. 8, pp.189~190.

'뿌르'들은 잘도 가겠지? 청량리_{清凉里}니 영도사_{永導寺}니 하고 삼삼오
오 광풍_{光風}에 잘도 번뜩이겠지? 봄은 그들의 봄이겠다. 그뿐이랴. 춘
하추동이 다 그들의 것이다. 생각하니 기가 꽉 막힌다.

보기 싫은 아내는 더 한층 미워진다. 컴컴한 방 안은 더 한층 컴컴해
보인다. 시어미 역정에 개 옆구리 찬다고 죄 없는 어린애에게 공연한
심술을 피웠다.

그래 '프로'는 야외도 한 번 못 가본단 말가. 그래 '프로'는 사원도 한
번 못 가본단 말가. 에라. 빚지고 죽지. 물고 죽겠느냐. 죽은 담에 무
덤에까지 빚 받으러 올 놈 있더냐. 상감님 총감투 살 돈이라도 있으
면 잘라 쓰고 보자. 쓰는 것이 내 것이다. 못 쓰는 놈이 바보이다. 될
수만 있으면 강도질이라도 해서 쓰는 것이 내 것이다.[16]

아무리 따뜻하고 즐거운 봄이 왔다고 해도 "돈 없는 놈들"은 야외
산보를 엄두도 못낸다는 사실에 이 글의 필자는 분개를 금치 못한다.
"말쑥한 춘복_{春服}에 단장_{短杖}을 휘두르는 청년"과 "연분홍 저고리와 연
옥색 치마"를 입은 새악씨, 그러니까 '뿌르'에 속하는 자들만이 "봄은
자기의 것"이라고 뻐기면서 청량리로, 영도사로 휘젓고 다닐 것이다.
그가 보기에 그들은 영락없는 '탕자탕녀_{蕩子蕩女}'다. "봄도 자기의 것이
요 나비도 자기의 것이요 절간도 자기의 독차지요 산수_{山水}도 자기의
독점령_{獨占領}"이라 생각하는 '뿌르'들의 행각을 보면서/상상하면서 그
는 봄은 봄이되 '프로'에게는 봄이 오지 않았다고 말한다. 그러한 '뿌

---

16 춘파, 「'프로'의 봄과 '뿌르'의 봄」, 『개벽』, 1926. 4, p.96.

195 196
개화기에서 일제강점기까지 근대 제도와 일상생활

르'들이 노니는 장소가 바로 청량리와 영도사였던 것이며, 이곳은 큰 맘 먹고 빚이라도 내지 않는다면 찾을 수 없는 이들에게는 멀기만 한 '그들만의 세계'나 다름없었던 것이다.

그런데 동대문 밖과 청량리는 '탕자탕녀'들의 유희 장소만은 아니었던 듯하다.[17] 전영택의 「어머니는 잠드셨다」에 따르면, "동대문에서 바꿔 탄" 찻간에는 "파리가 많고 탄 사람이 모두 촌사람"이다. 그리고 "왕십리까지 뻗친 동대문 밖 미나리벌판"은 "북국의 광야와 같이 몹시도 넓고 쓸쓸"하다.[18] 그도 그럴 것이 청량리역은 전차의 종점일 뿐만 아니라 경원선과 중앙선이 출발하는 곳이었던 까닭에 수많은 사람들이 이곳을 통해 서울로 들어오기도 했고, 또 머나먼 곳으로 떠나기도 했다. 그 가운데 고향산천을 버리고 북만주로 떠나는 이들도 있었다.

4. 청량리역과 그 근처, '출발점/종착점'의 상상

하시야 히로시橋谷弘는 일본 제국주의의 식민지 도시 유형을 ①일본에 의해 새롭게 조성된 도시, ②전통적 도시와 식민지 도시의 이중 구조, ③기존의 도시와 식민지 도시의 병존으로 나누고, 경성의 경우

---

17 이기영(李箕永)의 「십년 후」에서 볼 수 있듯이, '건강한 인쇄직공'이 된 10년 전의 친구 '인학'과 '어두침침한' 인텔리의 삶을 접지 못하고 있는 화자인 '경수'가 만나서 깊은 대화를 나누는 것도 청량리에서였다. 이기영, 「십년 후」, 『삼천리』, 1936. 6 참조.

18 전영택, 「어머니는 잠드셨다」, 『삼천리』, 1934. 6, p.289.

근대 이전부터 형성된 조선의 전통 도시가 있었기 때문에 식민지 도시가 되어서도 조선인의 도시 공간이 독자적인 영역을 형성하고 있었다고 지적한다. 이어서 그는 다음과 같이 말한다.

> 한편 1920년대부터 더욱 두드러진 농촌에서 도시로의 인구 이동이 경성부의 새로운 전개를 불러왔다. 종래의 일본인과 조선인의 이중구조에 더하여, 인구가 급증한 주변부와 중심부의 거주 환경에 서로 격차가 생겨났던 것이다.
>
> 1910년대의 토지조사사업과 1920년대의 산미증식계획은 식민지 지주제의 형성과 하층민의 몰락을 불러왔고, 토지를 잃은 농민은 조선 내의 도시나 일본, 만주로 이주하였다. 한편 경성부에서는 일정 정도 공업화가 진전되었으나 많은 유입인구를 흡수할 수 있을 만큼의 고용 기회를 창출하지 못했고, 오늘날의 개발도상국과 같이 과잉도시화가 진행되었다. 따라서 주변부에 천막을 치고 '토막민土幕民'이 되는 사람이 급증하였고, 이들은 제2차 세계대전 후의 개발도상국에서 보이는 도시비공식부문과 같은 잡업층雜業層을 형성하였다. 이와 같은 인구의 급증으로 인하여 서울의 시역市域도 확대할 필요가 생겨서, 1936년에는 옛 성내의 바깥 지역과 한강 건너편의 영등포를 포함한 '대경성大京城'이 탄생하였다.[19]

이처럼 식민지 도시 경성의 확장은 불가피했으며, 이에 동반하여

---

19 하시야 히로시, 김제정 옮김, 『일본제국주의, 식민지 도시를 건설하다』, 모티브, 2005, pp.38~39.

도로망의 확충이 가속화되었다. 특히 기존의 공간과 장소라는 개념을 뿌리부터 흔들어놓은 철도망이라는 촉수는 청량리 주변을 송두리째 바꿔놓았다. 청량리역은 북으로 향하는 경원선의 출발점이자 종착점이었다. 경원선은 1910년 10월 15일 첫 삽을 뜬 후 우여곡절 끝에 1914년 8월 완공되며, 함경선이 완공된 것은 1928년 9월이었다. 나아가 "일제는 1930년대에 본격적으로 대륙을 침략하면서 함경선과 도문선 등의 만주 동북 지방 간선을 중국 지린吉林에서 회령에 이르는 길회선과 잇고 이들 철도선상에 위치한 청진, 나진 등의 동북 3항을 일본의 동해 쪽 항구와 연결시켜 단기간에 물자를 수송하는 이른바 '북선北鮮 루트'를 개발한다."20 그리고 1936년에 실측조사에 들어가 1942년 2월 전구간이 개통된 중앙선의 출발점도 청량리역이었다. 1938년 5월 1일부터 청량리역은 '동경성역'으로 불리게 되었고, 같은 날짜를 기점으로 '남경성역'으로 이름을 바꾼 영등포역과 함께 '대경성'의 '양날개'를 담당하게 된다.21

청량리역을 출발하여 금강산 탐승探勝에 나선 사람들도 있었고, 원산으로 사랑의 도피행을 떠나는 사람들도 있었으며, 학생들은 수학여행을 떠나기도 했다. 그리고 몽양 여운형呂運亨의 분노를 촉발한 전문학교 학생의 "더럽고 추하고 쓰라린" '히야까시'가 벌어지는 곳도

---

20 노형석, 『모던의 유혹, 모던의 눈물』, 생각의 나무, 2004, p.38. 그리고 '북선 루트' 개설 과정 및 그 의미에 관해서는 정재정, 『일제침략과 한국철도 1892~1945』, 서울대학교출판부, 1999, pp.158~165를 참조할 것.
21 「大都京城의 兩翼」, 『동아일보』, 1938. 4. 12 참조.

청량리역이었다.[22] 그뿐만이 아니었다. 청량리역은 조선의 농민과 노동자들이 살길을 찾아서 만주로 향하는 출발점이기도 했다. 이와 관련된 많은 기사들 중 하나만 보면 다음과 같다.

間島行 窮民 驛頭에 混雜
왕십리 청량리에 모이는 간도행 궁민의 참담한 꼴
數日內 百五十名

매일매일 남북 만주로 길을 떠나는 농민이 그치지를 않는다 함은 누보屢報되는 바이어니와 최근 이삼일 간 청량리, 왕십리의 두 정거장에서 북간도를 향한 강원도 춘천, 홍천, 원주와 충북 제천, 충주, 경기도 이천, 여주, 양평 방면의 농민 백오십팔 명이 있었다더라.[23]

청량리역은 강원도와 충청도 그리고 경기도의 고향을 떠나 북만

---

22 여운형은 경성중앙청년회관에서 열린 '전문학교 신입생 환영의 밤' 대회석상에서 다음과 같이 말한다. "그렇게 유쾌하던 나의 온 마음을, 저녁 때 차가 청량리역에 가까이 왔을 때, 극히 짧은 순간인, 한 찰나에 그만 완전히 다 깨뜨려져 버리고 말았어요. 그 순간, 그렇게 유쾌하던 나의 마음은 아주 괴로워졌어요. 그것은 한 20세가량 되어 보이는 전문학교 학생 비슷하게 차림을 하고 캡을 쓴 젊은 청년 두 사람이 어떤 여학생들에게 자기가 쥐었던 꽃을 주며, 그 여자의 쥐었던 꽃을 탈취하면서, 히야까시를 하며 강압적 조롱까지를 하는 것을 보았어요. 그때의 나의 마음은 아주 괴로워 견딜 수 없을 만하였어요. 그래 나는 분한 마음에 그들과 싸우고 싶은 생각도 들었으나, 그냥 보고만 있었어요. 그 여학생들은 그 젊은이들에게 그냥 가만히 모욕을 당하고 있었던 모양입니다. 이 얼마나 더럽고 추하고 쓰라린 사실입니까? 아름다운 자연계에서 대단히 유쾌하던 나의 마음은 여기에서도 사회의 추하고 더러운 일면을 보았습니다." 여운형, 「새 일꾼을 환영하노라」, 『삼천리』, 1936. 1, (여운형연설집 별책 제1 부록) pp.6~7.

23 『동아일보』, 1927. 3. 20.

주로 떠나는 농민들의 회한의 눈길과 한숨이 머무는 곳이기도 했다. 그들은 청량리역을 출발하는 열차에 몸을 실으면서 정처도 없는 땅에서 부딪힐 간난신고의 삶을 예감해야 했을 터이다. 자신들의 삶의 터전에서 추방당한 이들의 행렬은 시간이 지날수록 점점 더 길어졌으며, 이는 청량리역이 간직하고 있는 하나의 선명한 역사적 인상印象이라 해야 할 것이다.

뿐만 아니라 청량리 일대는 '교외화' 과정과 함께 도심부의 대로大路에서 쫓겨난 도시 빈민들과 도심부 진입에 실패한 이농민들이 모여드는 곳이기도 했다. 이미 1910년대 중반부터 경성 도심에서 조선인의 인구가 감소한 것은 "일반적으로 생활난의 결과로 교외로 이주하는 자가 현저히 증가하는 경향을 보였기" 때문이었다.[24] 1936년 제1차 구역확장 때 경성부에 편입된 신설동, 용두동, 안암동, 제기동, 청량리, 전농동, 답십리, 종암동, 돈암동, 성북동, 정릉동 지역도 도심 생활을 감당할 수 없었던 조선인들이 모여든 곳이었다. 결국 데이비드 하비의 지적과 같이 "더 많은 공간이 물리적으로 개방될수록 그것은 강제적 게토화와 인종적으로 부과된 배제의 사회적 과정을 통해 분할되고 폐쇄되어야 했"던 것이다.[25]

여기에서 "새로운 도시복합체(근대적 석탄도시—인용자)의 주요 구성요소는 공장과 철도와 빈민굴이었다"[26]는 지적에 주목할 필요가 있

---

24 『京城府史』, 京城府, 1941, p.659; 손정목, 『일제강점기 도시화과정 연구』, 일지사, 1996, p.52 에서 재인용.

25 데이비드 하비, 김병화 옮김, 『모더니티의 수도 파리』, 생각의 나무, 2005, p.393.

26 루이스 멈포드, 김영기 옮김, 『역사 속의 도시』, 명보문화사, 2001/1990, p.486.

다. 도시의 중심부 대로변에는 화려한 쇼윈도가 들어서 밤이면 휘황찬란한 빛을 뿜어내는 '인공낙원'을 연출한다. 그러나 그 중심을 에워싸는 것은 중심에서 축출당한 사람들이 힘겨운 삶을 살아가는 빈민굴이다. 이러한 빈민굴은 철도를 따라 형성되는 예가 적지 않다.

그렇다면 도시의 물리적 복제·확장[27]과 함께 경성부로 편입된 '청량리 근처'는 어떠했을까. 신설동 주변에 형성된 토막촌은 도심의 불빛으로부터 추방당한 후[28] 온갖 잡업雜業에 종사하면서 근근이 삶을 이어가는 이들의 '종착점'이었다. 1938년 현재 경성부 내 토막민의 생업을 보면 일용노동자가 46.3%이고 무직이 43.6%에 달한다.[29] 이들의 상당수는 서대문 밖과 동대문 밖에 움집을 짓고 살았다. 동대문 근처의 창신동과 충신동, 동대문 밖의 신설동 지역과 신당동 부근에 토막민들이 몰려 살고 있었다.[30] 이들 도시 빈민들의 형성은 도시화 과정이 낳은 필연적인 산물이라 해야 할 터인데, 여기에 덧붙여야 할 것은 경성이 제국주의 일본이 건설한 식민지 도시였다는 점이다. 경성부가 확장될수록 지배자인 일본인에 의한 조선인의 (반)강제적 게토화와 인종적으로 부과된 배제의 사회적 과정이 진행되고 있었으며, 그 상징적인 예 중 하나가 동대문 밖과 서대문 밖에 포진한 토막촌

---

27 경성의 복제·확장 과정에 대한 설명은 염복규, 『서울은 어떻게 계획되었는가』, 살림, 2005 참조.

28 이와 관련하여 『동아일보』 1928년 10월 27일자를 참조하면 다음과 같다. "각 경찰의 조사에 의지하면 바로 시골에서 오면서 움막생활을 시작하는 사람은 1할 가량에 지나지 못하고 9할은 시내에서 살다가 생존경쟁에 이기지 못하여 쫓겨나간 사람들이라 한다."

29 강만길, 『일제시대 빈민생활사 연구』, 창작사, 1987, p.258.

30 식민지 시대 토막민의 생활 전반에 관해서는 강만길, 위의 책, 제3장을 참조할 것.

이었던 것이다. 토막촌의 삶의 한 단면을 보자면 다음과 같다.

> 먼저 간 곳이 상왕십리 524번지의 30호에 사시는 지씨池氏 할머니
> 댁이다. 반쯤 쓰러진 초막에 토굴같이 컴컴한 방. 집안에 세간이라
> 고는 귀떨어진 냄비 한 개, 깨진 항아린 한 개, 쭈그러진 양철대야
> 한 개, 석유상자 하나. 일가의 전 재산을 다 팔아도 오십 전도 못
> 될 듯하다. 기자는 체면 불고하고 그 냄비 뚜껑을 열어보니 먹다남
> 은 좁쌀 죽 몇 숟갈이 붙어 있다. 이 집 지씨 할머니는 금년 86세나
> 된 늙은이로 전에는 창신동에서 그럭저럭 밥걱정이나 아니하고 지
> 내었으나 악착한 운명의 희롱을 받아 아들도 죽고 세간도 탕진하
> 고 지금은 십오세 된 손자 하나를 데리고 초막에서 괴로운 세월을
> 보내는데 그 손자가 양철쓰레기통을 주워다가 그럭저럭 실낫같은
> 목숨을 이어간다고 한다.[31]

이처럼 청량리역과 그 근처는 간난신고의 삶을 감당하지 못한 사
람들이 떠나는 출발점이자 마지못해 머물러야 하는 종착점이기도 했
다. 식민지 시대에 생산된 문학 작품들이 청량리역과 그 근처를 그릴
때, 이 출발점과 종착점을 상상력의 자장 안으로 끌어들이지 못한 이
유는 무엇일까. 필자가 과문한 탓인지도 모르지만, 동대문 밖 청량리
의 이미지가 문학 속에서 유포되는 양상을 물을 때 반드시 짚고 넘어
가야 할 것이다.

---

31 「春光春色의 種種相: 陽春明暗二重奏」, 『조광』, 1937. 4, pp.124~125.

5. 마무리: '청량리'라는 텍스트를 다시 읽기 위하여

지금까지 식민지 시대에 생산된 문학(적) 텍스트가 동대문 밖과 청량리 근처를 어떻게 재현하고 있는지를 보아왔다. 이를 통해 이곳의 이미지 또는 심상 공간이 어떻게 우리들의 기억에 새겨지게 되었는지 그 일단을 볼 수 있었다. 아울러 전차노선과 철도를 따라 형성된 물리적 공간의 '근대화'가 동대문 밖을 어떻게 '교외화郊外化'하고 '변두리화'했는지, 그리고 그 의미는 무엇인지라는 물음에 소략하나마 하나의 답을 마련할 수 있는 실마리를 찾고자 했다.

이장호가 감독하고 김명곤과 이보희가 주연한 영화 <바보선언>(1983)은 청량리역 근처가 한국의 근대화 과정에서 어떻게 형상화되는지를 보여준다. 청량리역 근처는 이른바 '588'로 알려진 집창촌으로 유명한 곳이다. '청량리=집창촌'이라는 이미지는 지금도 많은 사람들의 뇌리에 깊게 새겨져 있는 듯하다.[32]

하지만 식민지 시대 청량리역과 그 근처에는 골프장이 있었고, 스케이트장이 있었으며, 요양원도 있었다. 뿐만 아니라 경성제대 예과가 있었고, 경성농림학교가 있었으며, 화동학교와 정인택이 「청량리 근처」에서 그리고 있듯 '건강한' 아이들이 있었다. 우리는 기생인 듯 보이는 여인이 홍릉숲을 거닐고 있는 사진 한 장에 현혹될 필요가 없

---

32 예를 들어 '청량리' 하면 무엇이 떠오르냐는 물음에 연령대와 관계없이 많은 사람들이 '창녀촌'이라 대답했다. 그 다음이 엠티, 경동시장 순이었다. '간이조사'이긴 하지만 청량리의 이미지가 어떠한지를 보여주는 예라 할 수 있을 것이다. 진양교의 『청량리의 공간과 일상: 일과 시장 그리고 유곽』(서울학연구소, 1998)이 시장과 더불어 유곽의 생활을 파헤치고 있는 것도 청량리라는 심상 공간의 특성을 보여주는 하나의 반증일 수 있을 것이다.

개화기에서 일제강점기까지 근대 제도와 일상생활

다. 우리에게 익숙한 듯한 '청량리'라는 심상 공간은 역사적·사회적으로 형성·생산·유포된 것이다. 식민지 시기의 문학적 텍스트는 대체로 청량리를 산보의 공간, 유흥의 공간, 향락의 공간으로 이미지화하고 있다는 느낌을 지우기 어렵다. 그러나 과연 그러했을까.

스티븐 컨이 적실하게 말한 바와 같이 "공간에 대한 인식은 관점, 생각, 감정 등의 변화에 따라 얼마든지 달라질 수 있으며, 공간 안의 사물들은 시간 속에서 부단히 변하는 과정을 함께 겪는다."[33] 우리의 기억 속에 저장된 이미지를 넘어 새로운 심상을 창안하는 것이 '청량리'라는 텍스트를 새롭게 읽을 수 있는 방법일 것이다.[34] 그 방법을 찾아가는 과정에서 우리는 식민지 시대의 '청량리'를 해방 이후의 '청량리', 압축고도성장 단계의 '청량리', 그리고 지금의 '청량리'를 한 자리에 놓고, 그 역사적·사회적 의미망을 탐색해야 할 것이다. 그때야 비로소 '청량리'라는 텍스트에서 보다 생성적인 이미지를 독해해낼 수 있을 것이다.

---

33 스티븐 컨, 앞의 책, p.372.

34 이와 관련하여 다음 진술을 참조하라. "도시경관의 의미들은 주체들이 특정한 의미구조를 삽입하고 독해하는 과정에서 발생한다. 도시 건축물이나 길거리, 장식물, 간판, 아파트나 심지어 주유소 등에 이르기까지 도시경관을 구성하는 모든 표현체들 속에는 만든 이들의 '의도된 의미'와 보는 이들의 '해석된 의미'들이 맞물려 발생하는 '복합적 의미'로 구성되어 있는 것이다."(김왕배, 『도시, 공간, 생활세계』, 한울, 2000, p.134.)

참고문헌

『동아일보』, 『동광』, 『개벽』, 『별건곤』, 『삼천리』, 『조광』

강만길, 『일제시대 빈민생활사 연구』, 창작사, 1987.
김영근, 「일제하 일상생활의 변화와 그 성격에 관한 연구」, 연세대사회학과대학원 박사학위 논문, 1999.
김왕배, 『도시, 공간, 생활세계』, 한울, 2000.
김정동, 『문학 속 우리 도시 기행』, 옛오늘, 2001.
김진송, 『현대성의 형성: 서울에 딴스홀을 허하라』, 현실문화연구, 1999.
김찬호, 『도시는 미디어다』, 책세상, 2002.
노형석, 『모던의 유혹, 모던의 눈물』, 생각의 나무, 2004.
민족문학사연구소 엮음, 『춘향이 살던 집에서 구보씨 걷던 길까지』, 창비, 2005.
박천홍, 『매혹의 질주, 근대의 행단』, 산처럼, 2003.
박팔양, 『여수시초』, 박문서관, 1940.
손정목, 『일제강점기 도시사회상 연구』, 일지사, 1996.
______, 『일제강점기 도시화과정 연구』, 일지사, 1996.
손지연 외, 「전환기 메이지문학의 동경 표상과 일본인의 심상지리」, 『에도 · 도쿄의 표상과 심상지리, 17C~20C』, 단국대학교 일본연구소 제22회 국제학술심포지엄 자료집, 2007.
신명직, 『모던 뽀이, 경성을 거닐다』, 현실문화연구, 2003.
염복규, 『서울은 어떻게 계획되었는가』, 살림, 2005.
이광수, 『무정』, 동아출판사, 1995.
이한정 · 미즈노 다로 편, 『일본작가들이 본 근대조선』, 소명출판, 2008.
정재정, 『일제침략과 한국철도 1892~1945』, 서울대학교출판부, 1999.
진양교, 『청량리의 공간과 일상: 일과 시장 그리고 유곽』, 서울학연구소, 1998.

데이비드 하비, 김병화 옮김, 『모더니티의 수도 파리』, 생각의 나무, 2005.
__________, 초의수 옮김, 『도시의 정치경제학』, 한울, 1996.
루이스 멈포드, 김영기 옮김, 『역사 속의 도시』, 명보문화사, 2001.
마이크 새비지 · 알랜 와드, 김왕배 · 박세훈 옮김, 『자본주의도시와 근대성』, 한울, 1996.
볼프강 쉬벨부쉬, 박진희 옮김, 『철도여행의 역사』, 궁리, 1999.

스티븐 컨, 박성관 옮김, 『시간과 공간의 문화사 1880~1918』, 휴머니스트, 2004.

하시야 히로시, 김제정 옮김, 『일본제국주의, 식민지 도시를 건설하다』, 모티브, 2005.

개화기에서 일제강점기까지 근대 제도와 일상생활

1판 1쇄 인쇄 2012년 05월 20일
1판 1쇄 발행 2012년 05월 30일

편저자 단국대학교 동양학연구원
펴낸이 서채윤
펴낸곳 채륜
책임편집 정나영
표지·본문디자인 Design窓

등록 2007년 6월 25일(제25100-2007-000025호)
주소 서울 광진구 군자동 229
대표전화 02-6080-8778 | **팩스** 02-6080-0707
E-mail chaeryunbook@naver.com
Homepage www.chaeryun.com

책값은 뒤표지에 있습니다.
ISBN 978-89-93799-61-3 93380

이 저서는 2008년도 정부(교육과학기술부)의 재원으로 한국연구재단의 지원을 받아 수행한 연구임.
(KRF-2008-005-J02202)